Das Checklistenbuch

Sibylle May

Das Checklistenbuch

Die wichtigsten Organisationshilfen für das Büromanagement

2., aktualisierte und erweiterte Auflage

Inhaltsverzeichnis

Vorwort 5

| 1 | **Ablage- und Dokumentenmanagement** .... 15 |

1.1	Ordnungssysteme 15
Übersicht:	Die häufigsten Ordnungssysteme 15
Checkliste:	Grundsätze für eine effiziente Ablage 17

1.2	Aktenplan 17
Übersicht:	Muster für einen Aktenplan 17
Übersicht:	Aktenplan nach alphabetischer Sortierung 18
Übersicht:	Variante eines Aktenplans – Teil I 19
Übersicht:	Variante eines Aktenplans – Teil II 20
Checkliste:	Die ersten Schritte zum Aktenplan 21
Checkliste:	So arbeiten Sie effektiv mit Ihrem Aktenplan 21

1.3	Elektronische Ablage 22
Übersicht:	Abstimmung von Papier- und elektronischer Ablage 22
Checkliste:	Grundlagen einer effizienten elektronischen Ablage 23

1.4	Gesetzliche Aufbewahrungsfristen 23
Übersicht:	Aufbewahrungsfristen 24
Übersicht:	Kodierung der Ablage 25

| 2 | **Chefentlastung – der Weg zur optimalen Zusammenarbeit** .... 27 |

| 2.1 | Professionelle Improvisation .... 27 |
| Checkliste: | Wie Sie sich auf unvorhergesehene Situationen einstellen .... 27 |

2.2	Chefentlastung – Basics 28
Übersicht:	Die Entscheidungsmatrix 28
Checkliste:	Allgemeine Tipps zur Chefentlastung 30
Übersicht:	Rückrufliste 33
Übersicht:	Übergabeprotokoll 33
Übersicht:	Der Tagesbericht 34
Übersicht:	Die Vorgangsliste – alles auf einen Blick 35

| 2.3 | Terminplanung .... 35 |

| 2.4 | Veränderungsprozesse im Sekretariat managen .... 36 |
| Übersicht: | Die 7 wichtigsten Stufen des Change Managements .... 36 |

3	**Führung und Management**	**37**
3.1	Die Bedeutung der Management-By-Begriffe	37
3.2	Führungsstile und ihre Bedeutung für den Alltag	39
3.2.1	Der autoritäre/autokratische Führungsstil	39
3.2.2	Der kooperative/demokratische Führungsstil	40
3.2.3	Der Laissez-faire (gewähren-lassender) Stil	40
3.2.4	Der charismatische Führungsstil	41
3.2.5	Der „ideale" Führungsstil	41
3.3	Führungskompetenz	42
Übersicht:	Die 4 Kompetenzbereiche	42
Übersicht:	Führungskompetenzen nach Daniel Goleman	43
Checkliste:	Dimensionen der Führung	44
3.4	Delegieren, aber richtig	45
3.5	Feedback	46
Checkliste:	Regeln für das Feedback-Gespräch	47
3.6	Führungsgrundsätze	47
Checkliste:	Allgemeine Führungsgrundsätze	47
Checkliste:	Führungsgrundsätze aus der Praxis für die Praxis	48
3.7	Motivation – mehr als nur ein Schlagwort!?	49
3.7.1	Bedürfnispyramide nach Maslow	49
Checkliste:	Motivation – Basics	50
3.8	Das Mitarbeitergespräch	51
Checkliste:	Regeln für das Mitarbeitergespräch	51
3.9	Die Zielvereinbarung	52
Übersicht:	Das Zielvereinbarungsgespräch	53
Checkliste:	Hinweise für die Zielvereinbarung	54
Checkliste:	Zielvereinbarungsgespräch: Typische Fehler	54
4	**Informationsmanagement**	**55**
Checkliste:	Informationen bewerten	55
Übersicht:	Informationsmanagement – Basics	56
Übersicht:	Informieren nach dem A-B-C-Prinzip	57

Inhaltsverzeichnis

5	**Kommunikation am Telefon**	**59**
5.1	Allgemeine Telefonregeln	59
Checkliste:	Telefonieren – Basics	59
5.2	Kundenorientierung am Telefon	60
Checkliste:	Systematisches Telefonieren I	60
Checkliste:	Systematisches Telefonieren II	61
Checkliste:	Die dreigeteilte Telefonnotiz	62
Übersicht:	Wirkungsvolle Wortwahl	63
5.3	Schwierige Anrufer	64
5.4	Beschwerdemanagement	65
Checkliste:	Korrekte Reklamationsbearbeitung	66
6	**Messen und Ausstellungen**	**69**
6.1	Vor der Messe	69
6.1.1	Messeziele definieren	69
Übersicht:	Ihre Ziele	69
Übersicht:	Mögliche Ziele auf einer Messe	70
6.1.2	Ansprechende Einladungen gestalten	72
Checkliste:	Erfolgreiche Einladungen für Ihren Messeauftritt	73
6.2	Budgetplanung und Kalkulation der Kosten	74
Übersicht:	Planung der Kosten (Vorkalkulation)	74
Übersicht:	Budgetplanung	75
6.3	Rund um den Messestand	77
Übersicht:	Konzeption	77
Übersicht:	Standvarianten	78
Übersicht:	Eigenbau oder Auftragsvergabe	79
6.3.1	Präsentationen und Aktivitäten auf dem Messestand	80
Übersicht:	Vorbereitung	80
Übersicht:	Besondere Elemente der Präsentationen	80
6.3.2	Bewirtung und Catering	82
Checkliste:	Bewirtung am Stand	82
Checkliste:	Ausrüstung zur Besucherbewirtung	83
Checkliste:	Der Pannenkoffer	86
6.4	Mitarbeiter fit für den Messeauftritt machen	87
Übersicht:	Schwierige Situationen am Stand	89

6.5	Werbemittel	90
Checkliste:	Mittel der Besucherwerbung	90
6.6	Pressearbeit	91
Checkliste:	Pressetexte	91
6.7	Messebriefing	91
Checkliste:	Messebericht	92
Übersicht:	Faktoren der CI	93
6.8	Abschlussbericht und Nachbereitung	94
Checkliste:	Messeabschlussbericht	94
Übersicht:	Messe-Erfolgskontrolle	95
Übersicht:	Ausführlicher Messeabschlussbericht	97
Checkliste:	Nacharbeiten	102
7	**Office-Handbuch**	**103**
7.1	Bedeutung des Office-Handbuchs	103
7.2	Ziele festlegen und fixieren	104
Checkliste:	Realisierung	107
8	**Personal**	**109**
8.1	Stellenanzeigen treffend formulieren	109
Checkliste:	„AIDA" für Stellenanzeigen	109
Übersicht:	Realistische Anforderungsmerkmale	110
8.2	Worauf Sie bei Bewerbungen achten müssen	111
Checkliste:	Die Bewerbungsflut in den Griff bekommen	111
Checkliste:	Sofortprüfung bei Eingang der Bewerbungsunterlagen	112
8.3	Beurteilung von Bewerbungen	113
Checkliste:	Beurteilungskriterien für Bewerbungsunterlagen	114
Checkliste:	Inhalt des Bewerbungs- beziehungsweise Anschreibens:	114
Übersicht:	Lebenslaufanalyse	115
Checkliste:	28 Prüfmerkmale für den Lebenslauf	116
Checkliste:	Bewerbungen priorisieren und absagen	119
Übersicht:	Vorgehensweise für Bewerbungsabsagen	120

8.4	Vorstellungsgespräche	120
Checkliste:	Die Mappe für das Bewerbungsgespräch	121
Übersicht:	Vorbereitung auf das Vorstellungsgespräch	122
Checkliste:	Den Bewerber gut vorbereiten	123
8.5	Auswertung von Vorstellungsgesprächen	124
Übersicht:	Fazit Gesprächsverlauf	125
Übersicht:	Auswertung des Bewerbungsgesprächs	125
8.6	Einarbeitung neuer Mitarbeiter	127
Checkliste:	Vor dem ersten Arbeitstag	127
Checkliste:	Der neue Arbeitsplatz	128
8.7	Einarbeitung neuer Mitarbeiter	129
Checkliste:	Handbuch neue Mitarbeiter	129
Checkliste:	Individuelles Handbuch für den neuen Mitarbeiter	131
Checkliste:	Einarbeitungsplan	131
Checkliste:	Ablauf des ersten Tags planen	132
Übersicht:	Erster Arbeitstag	133
8.8	Der Arbeitsvertrag	135
Checkliste:	Was in den Arbeitsvertrag gehört	135
Übersicht:	Mängel bei Abschluss des Arbeitsvertrages	136
8.9	Die Personalakte	137
Checkliste:	Zusammenstellung von Personalakten von A bis Z	137
Übersicht:	Beleggruppen in der Personalakte	139
8.10	Mitarbeiterbeurteilungen	140
Checkliste:	Das Anerkennungsgespräch	140
Checkliste:	Feedback bei Mitarbeitergesprächen	141
Checkliste:	Bewertungskriterien	142
8.11	Gründe für Abmahnungen	143
8.12	Ausscheiden von Mitarbeitern	146
Übersicht:	Zeugnisarten und deren Inhalt	146
Checkliste:	Zeugnisse erstellen	146
9	**Projektmanagement**	**149**
9.1	Projektplanung	149
Übersicht:	Kurzbeschreibung Projektidee	150
Übersicht:	Die Projekt-Erklärung, Definition, Ziele, Projektorganisation	150

Übersicht:	Arbeitspaketbeschreibung/Projektdefinition	153
Übersicht:	Projektstatusbericht	154
Übersicht:	Rückmeldung nach Teilzielen/Milestones	155
Übersicht:	Projektstammblatt	156
Übersicht:	Arbeitsauftrag	157
Übersicht:	Abschlussbericht	158
Übersicht:	Stellenbeschreibung Projektleiter	160
Checkliste:	Informations-Checkliste	161
Übersicht:	Ihre Notizen im Projekt	162

10 Telefonmarketing 165

11 Travel-Management 169

Checkliste:	Vor der Reise	169
Übersicht:	Beispiel für einen Reiseplan	172
Übersicht:	Die besten Internetadressen für Ihre Online-Reiseplanung	172

12 Korrespondenz 175

Übersicht:	Entscheidende Faktoren für eine zeitgemäße Business-Korrespondenz	175
Übersicht:	Formulierungen und Worte, die Sie vermeiden sollten	178
Checkliste:	Korrespondenz – Basics	180

12.1 Korrekte Ansprache in speziellen Fällen 180

12.2 Die professionelle E-Mail-Korrespondenz 181

Checkliste: E-Mail-Korrespondenz 181

12.3 Das Protokoll 184

Übersicht: Kriterien für das Protokoll 185

13 Meetingmanagement 187

13.1 Interne Besprechungen organisieren 187

Übersicht:	Eckdaten festlegen	187
Checkliste:	Vorbereitung von Meetings, Brainstormings und Besprechungen	188
Checkliste:	Vor dem Meeting	190

13.2 Terminplanung 192

Checkliste: Bei der Terminplanung zu beachten 192

13.3	Einladung	192
Checkliste:	Was gehört in die Einladung?	192
Checkliste:	Form und Versand	193
13.4	Budgetplanung	194
Übersicht:	Budgetplanung	194
13.5	Tagungen	197
Checkliste:	Tagungsraum	197
Checkliste:	Tagungstechnik	198
Übersicht:	Location – persönliche Besichtigung	200
Checkliste:	Planung von Veranstaltungen	204
Checkliste:	Nachbereitung von Tagungen	209
13.6	Feedback-Bogen	210
14	**Urlaubsvertretung**	**213**
Checkliste:	Urlaubsvertretung	213
14.1	Checkliste: Abwesenheit im Büro	217
15	**Zeitmanagement**	**219**
15.1	Wo bleibt Ihre Zeit	219
Checkliste:	Die häufigsten Zeitfresser	219
Checkliste:	Ihre persönlichen Zeitdiebe	220
15.2	Zeitprotokoll	221
Übersicht:	Beispiel: Erstellen Sie Ihr persönliches Zeitprotokoll	221
15.3	Tipps zur Zeitersparnis	223
Checkliste:	Mehr Effizienz	223
15.4	So setzen Sie Ziele	224
Checkliste:	Klare Zielsetzung	224
15.5	Das Prinzip der Schriftlichkeit	225
15.6	Das Aufschiebetagebuch	225
15.7	Das Direktprinzip	226
15.8	Checklisten – so erleichtern Sie sich das Leben	227
Checkliste:	So entsteht eine Checkliste	227

15.9	Persönlichkeitsanalyse	228
Checkliste:	Sind Sie Antreiber oder Erlauber?	232
15.10	Optimales Aufgabenmanagement	234
Checkliste:	Haben Sie Ihre Aufgaben im Griff?	234
15.11	Die ALPEN-Methode – so erklimmen Sie den Berg	235
15.12	Prioritäten richtig setzen	235
Übersicht:	So setzen Sie Prioritäten	236
Checkliste:	Das Eisenhower Prinzip	237
Übersicht:	Wertanalyse der Zeitverwendung	238
Übersicht:	So behalten Sie die Übersicht	238
15.13	Richtig delegieren	238
Checkliste:	Test: Wie gut können Sie delegieren?	238
Checkliste:	Grundsätze des Delegierens	240
15.14	To-Do-Liste	241
Checkliste:	Eine To-Do-Liste für Ziele, Aufgaben und Aktivitäten	241
Checkliste:	Was Sie bei Ihrer To-Do-Liste beachten müssen	242
15.15	Zeit für 10 Dinge	243
Stichwortverzeichnis		245

1 Ablage- und Dokumentenmanagement

Ohne ein geeignetes Ordnungssystem versinkt jedes Büro früher oder später im Chaos – die Ordner quellen über und wichtige Dokumente verschwinden unauffindbar in Papierstapeln. Um die Papierflut bewältigen zu können, die Sie täglich im Sekretariat erreicht, ist es besonders wichtig, das richtige Ordnungssystem zu finden. Die Checklisten führen gängige Ordnungssysteme auf, mit dem jeweiligen Ordnungsprinzip und Anwendungsbereich. Wenn Sie zudem die grundlegenden Hinweise in der Checkliste „Grundsätze für eine effiziente Ablage" berücksichtigen, bleibt Ihr Ablagesystem auch langfristig übersichtlich und effizient. Haben Sie sich für ein Ordnungssystem entschieden, geht es darum, einen schnellen Zugriff auf Dokumente und Akten zu gewährleisten. Hierfür benötigen Sie einen Aktenplan. In Kapitel 1.2 erhalten Sie Muster für Aktenpläne

Die Aktenverwaltung findet inzwischen überwiegend elektronisch statt. Durch Internet und E-Mail wird außerdem zunehmend elektronisch kommuniziert. Die Abstimmung der Papier- und der EDV-Ablage sowie die Grundlagen einer optimalen EDV-Ablage sind daher unerlässlich und Thema des Kapitels 1.3. Damit das System leistungsfähig bleibt, muss es regelmäßig um nicht mehr benötigte Dokumente „erleichtert" werden. Was Sie auf der Grundlage der gesetzlichen Aufbewahrungsfristen wann entsorgen können, erfahren Sie ebenfalls in Kapitel 1.

1.1 Ordnungssysteme

Übersicht: Die häufigsten Ordnungssysteme

Chronologische/zeitliche Ordnung:

- Hier werden Sachverhalte erfasst, und zwar nach ihrer zeitlichen Reihenfolge, zum Beispiel bei Terminkarteien.
- Die Sortierung kann nach Tagen, Wochen, Monaten oder Jahren erfolgen.
- **Zu empfehlen bei:** Bilanzen und Steuerbescheiden (Jahre), Gehaltsabrechnungen (Monate), Lieferzeiten (Wochen), Akten nach Geburtsdaten, zum Beispiel bei Patienten (Tage). Die Reihenfolge der Heftung kann entweder in Form der kaufmännischen Heftung (das zuletzt erhaltene Schriftgut liegt oben; üblich bei Rechnungen oder Bestellungen oder ähnlichen Vorgängen) oder in Form der Behördenheftung (das zuletzt erhaltene Schriftgut liegt unten; üblich bei Einzelakten wie Personalakten) erfolgen.

Numerische Ordnung:

- Bei dieser Ordnungsart werden die Vorgänge mit Nummern versehen und anschließend nach diesen abgeheftet.
- Es kann sich beispielsweise um Kunden-, Lieferanten oder Kontonummern handeln.
- Diese ermöglicht eine einfache und logische Ordnungsweise und ist gut geeignet für Schriftgut, das bereits eine Nummer besitzt. Ein schnelles Sortieren und Ordnen nach Nummern ist möglich. Wenn Sie Ihr Ablagesystem nach der numerischen Ordnung einrichten, sollten Sie jedoch immer einen Index einrichten.
- Die numerische Ordnung kann dekadisch, halbdekadisch oder nach Vorziffern erfolgen. Es wird eine Zehnergruppe (Dekade) gebildet und die Unterlagen nach Ziffernreihen von 0 bis 9 eingeteilt. Beispielsweise werden Hauptgruppen gebildet, die anschließend in Untergruppen unterteilt werden: 1 = Registraturformen, 1.1 = Hängeregistratur, 1.2 = vertikale Hängeregistratur und so weiter

Alphanumerische Ordnung:

- Diese Art des Ordnungssystems ist eine Kombination aus alphabetischer und numerischer Ordnung.
- Die Grobeinteilung findet mit Hilfe der Buchstaben des Alphabetes statt.
- **Zu empfehlen bei:** vielen unterschiedlichen Bereichen, beispielsweise Waren. Die Zahlen bilden die Feineinteilung (es kann auch umgekehrt sein), zum Beispiel A67 oder 5A.

Ordnung nach Stichwörtern:

- Die Ordnung nach Stichwörtern ist in kleineren Unternehmen häufig anzutreffen, da es hier oft viele verschiedene Sachgebiete gibt.
- **Zu empfehlen bei:** wenn der Inhalt des Schriftguts wichtiger ist als beispielsweise der Absendername, zum Beispiel Warengruppenlisten, Lagerkarteien, Lieferadressenkarteien.

Geografische Ordnung:

- Sie ist häufig kombiniert mit der alphabetischen und/oder numerischen Ordnung.
- **Empfehlenswert**, wenn Sie Ihre Ablage nach verschiedenen Bundesländern, Verkaufsgebieten oder anderem unterteilen.

Ordnung nach Farben, Symbolen, Piktogrammen:

- Dies ist eine sinnvolle Ergänzung zu den anderen Ordnungssystemen.
- Sie ermöglicht ein schnelles Finden, zudem werden wichtige Termine markiert. Piktogramme werden daher zum Beispiel auf Plantafeln für die Terminplanung verwendet.

Checkliste: Grundsätze für eine effiziente Ablage

- ✓ Sammeln Sie keine Unterlagen, um sie irgendwann einmal zu lesen. Arbeiten Sie mit Wegwerffristen.
- ✓ Trennen Sie sich regelmäßig von veraltetem Prospektmaterial.
- ✓ Formulieren Sie Ihren Schriftverkehr kürzer und prägnanter. Das spart Papier und Zeit.
- ✓ Vermeiden Sie Doppel- und Mehrfachablagen. Arbeiten Sie mit Stellvertretern oder einem Formular, auf dem Sie festhalten können, wer wann was entliehen hat.
- ✓ Vermeiden Sie unnötige Kopien. Richten Sie Verteiler ein.
- ✓ Machen Sie zweimal jährlich einen Check-up Ihrer Ablage. Bestimmt können Sie einige Behälter zusammenfassen.

1.2 Aktenplan

Übersicht: Muster für einen Aktenplan

Nummer	Titel	Raum/Schrank	Vernichtung
1	Fuhrpark	200/1	
1.1	LKW	200/1	
1.2	PKW	200/1	
1.3	PKW-Anhänger	200/1	
2	Personal- und Sozialwesen	200/2	
2.1	Gehälter	200/2	
2.2	Arbeitsrecht, Tarife	200/2	
2.3	Reiserichtlinien	200/2	
2.4	Urlaub	200/2	
3	Fertigung	200/3	

Nummer	Titel	Raum/Schrank	Vernichtung
3.1	Planung	200/3	
3.2	Materialdisposition	200/4	
3.3	Fertigungssteuerung	200/5	
4	Umweltschutz	200/4	
4.1	Entsorgung	200/4	
4.2	Luftverschmutzung	200/4	
4.3	Abwasser	200/4	
4.4	Energie	200/5	

Übersicht: Aktenplan nach alphabetischer Sortierung

Nummer	Titel	Raum/Schrank	Vernichtung
4.3	Abwasser	200/4	
2.2	Arbeitsrecht, Tarife	200/2	
4.4	Energie	200/5	
4.1	Entsorgung	200/4	
3	Fertigung	200/3	
3.3	Fertigungssteuerung	200/5	
1	Fuhrpark	200/1	
2.1	Gehälter	200/2	
1.1	LKW	200/1	
4.2	Luftverschmutzung	200/4	12/2005

Nummer	Titel	Raum/Schrank	Vernichtung
3.2	Materialdisposition	200/4	
2	Personal- und Sozialwesen	200/2	
1.2	PKW	200/1	
1.3	PKW-Anhänger	200/1	
3.1	Planung	200/3	
2.3	Reiserichtlinien	200/2	
4	Umweltschutz	200/4	
2.4	Urlaub	200/2	

Übersicht: Variante eines Aktenplans – Teil I

Gruppe 0 Geschäftsführung	Gruppe 1 Anlagen	Gruppe 2 Finanzen und Buchhaltung	Gruppe 3 Personal- und Sozialwesen
000 – 099	100 – 199	200 – 299	300 – 399
000: Gründung + Entwicklung	100: Grundbesitz	200: Bilanzen, Abschlüsse	300: Arbeitsrecht, Tarife
010: Besitzverhältnisse	110: Gebäude	210: Finanzierung	310: Gesetzliche Aufwendungen
020: Führung	120: Betriebsgebäude	220: Banken, Kasse	320: freiwillige soziale Einrichtungen
030: Tochter- gesellschaften	130: Gesamtinstallation	230: Steuern	330: Personal- beschaffung
040: Beteiligungen	140: Großanleger	240: Buchhaltung	340: Personalakte
050: Geschäftsbriefe	150: leer	250: Betriebs- wirtschaft	350: Lohn-, Gehaltsabrechnung

Gruppe 0 Geschäftsführung 000 - 099	Gruppe 1 Anlagen 100 - 199	Gruppe 2 Finanzen und Buchhaltung 200 - 299	Gruppe 3 Personal- und Sozialwesen 300 - 399
060: Mitgliedschaften	160: leer	260: Stiftungen	360: Personalverwaltung
070: Firmengeschichte	170: leer	270: leer	370: Personalverwaltung
080: leer	180: leer	280: leer	380: leer
090: leer	190: leer	290: Statistik, Finanzwesen	390: leer

Übersicht: Variante eines Aktenplans – Teil II

Gruppe 4 Einkauf 400 - 499	Gruppe 5 Fertigung 500 - 599	Gruppe 6 Vertrieb 600 - 699	Gruppe 7 Privat-Sekretariat 700 - 700
400: Disposition	500: Planung	600: Absatzpolitik	700: Mitgliedschaften
410: Lieferanten	510: Fertigungsprogramm	610: Verkaufsprogramm	710: Kraftfahrzeuge
420: Materialprüfung	520: Fertigungsstellen	620: Preisgestaltung	720: Weiterbildung
430: leer	530: Investitionen, Fertigung	630: Verkaufsorganisation	730: Organisations-Handbuch
440: leer	540: leer	640: Kunden	740: Privater Schriftwechsel (Chef)
450: leer	550: Lagerverwaltung	650: Versand	750: Büromaterial
460: leer	560: Qualitätswesen	660: Werbung, Verkaufsförderung	760: leer
470: leer	570: Unfallverhütung	670: Marktbeobachtung	770: leer

Gruppe 4　　Einkauf　　400 - 499	Gruppe 5　　Fertigung　　500 - 599	Gruppe 6　　Vertrieb　　600 - 699	Gruppe 7　　Privat-Sekretariat　　700 - 700
480: leer	580: leer	680: Export	780: leer
490: Statistik	590: Fertigungs-statistik	690: Verkaufsstatistik	790: leer

Diese Übersichten können Sie unter http://www.springer.com auf der Seite zum Buch unter „Zusätzliche Informationen" herunterladen, speichern und bearbeiten.

Checkliste: Die ersten Schritte zum Aktenplan

- ✓ Sichten Sie alle Ordner, Hängemappen und Unterlagen, die Sie derzeit für Ihre Ablage verwenden.
- ✓ Notieren Sie alle Namen der Ordner.
- ✓ Legen Sie gemeinsam mit allen Betroffen Hautgruppen fest, die Sie für Ihren Aktenplan benötigen: Geschäftsleitung, Fuhrpark, Personal- und Sozialwesen. Es gibt oft viele verschiedene Begriffe für ein und denselben Inhalt, zum Beispiel: Auto = PKW = Kraftfahrzeug. Der eine sucht das Schreiben nach dem Stichwort Auto, der nächste unter PKW und so weiter. Wichtig ist dabei, dass die Sprache Ihres Aktenplanes möglichst eindeutig und einheitlich ist.
- ✓ Bilden Sie anschließend gemeinsam Untergruppen – Beispiele: PKW, LKW etc.
- ✓ Ordnen Sie jetzt den einzelnen Haupt- und Untergruppen Ziffern zu: Hauptgruppen: 0 bis 9 und Untergruppen 00 bis 99
- ✓ Entscheiden Sie, welche weiteren Informationen in den Aktenplan aufgenommen werden sollen, damit das Auffinden von Akten erleichtert wird.
- ✓ Komplettieren Sie Ihren Aktenplan mit zusätzlichen Arbeitshilfen, Beispiele: Ablageregeln, Stichwortregister und so weiter.

Checkliste: So arbeiten Sie effektiv mit Ihrem Aktenplan

- ✓ Informieren Sie alle betroffenen Personen ausführlich über das neue System.
- ✓ Vereinbaren Sie allgemein gültige Ablageregeln.
- ✓ Legen Sie fest, dass Änderungen im Aktenplan nur von einer zentralen Stelle vorgenommen werden.

> **Tipp:**
> Es gibt auch fertig gestaltete Muster-Aktenpläne, die Sie in den meisten Unternehmen einsetzen können. Fragen Sie bei Ihrem Branchenverband, ob dieser Muster-Aktenpläne zur Verfügung stellt. Im Internet können Sie sich unter http://www.must.de/default.html?Azfuse.htm kostenlos eine Aktenplan-Software herunterladen. Mit Hilfe der Musteraktenpläne können Sie Sachgebiete, Untergruppen und Stichwörter übernehmen, die für Ihr Unternehmen wichtig sind und weitere hinzufügen.

1.3 Elektronische Ablage

Übersicht: Abstimmung von Papier- und elektronischer Ablage

1. Schritt: Stimmen Sie Ihre Papier- und elektronische Ablage aufeinander ab

Entscheiden Sie bei jedem Dokument, ob es sinnvoll ist, dieses sowohl als Papierform als auch im Computer aufzubewahren.

2. Schritt: Ordnen Sie Ihre Dokumente und Dateien entsprechend der Zugriffshäufigkeit

Legen Sie vier Ablagekategorien für Ihre Papier- und EDV Ablage an:

1. Kategorie: Aktuelle Arbeitsakten und -dateien, die alle Dokumente, die häufig genutzt werden und zu laufenden Aktivitäten gehören. Auch die Arbeitsdateien im PC haben erste Priorität.
   Beispiele für laufende Aktivitäten sind: Projektunterlagen, Protokolle, Persönliche Notizen, Angebote und Terminunterlagen.
   Tipp: Nennen Sie den Ordner „Aktuelles 1".
2. Kategorie: Nachschlageakten und -dateien sind Dokumente, die Sie nur ab und zu benötigen.
   Beispiele hierfür sind: Abgeschlossene Projekte, Budgets, Organigramme oder Hintergrundinformationen.
   Tipp: Nennen Sie den Ordner „Nachschlageakten 2".
3. Kategorie: Archivakten und -dateien sind Dokumente, die endgültig abgeschlossen sind.
   Beispiele hierfür sind: Endgültig abgeschlossene Projekte, Verträge, Steuerunterlagen und Rechnungen.
   Tipp: Nennen Sie den Ordner „Archiv 3".
4. Legen Sie die Ablagestruktur für Ihre Papier- und EDV-Ablage fest. Entscheiden Sie, welche Dokumente sich welcher der drei Kategorien zuordnen lassen. Nennen Sie die Unterkategorien beispielsweise Kunden, Lieferanten, Projekte.
5. Kategorie: Vorlagen. Dokumentenvorlagen wie Standardschreiben, Aktennotizen oder Formulare.
   Tipp: Nennen Sie den Ordner „Vorlagen 4".

3. Schritt: Richten Sie in Ihrem PC die entsprechenden Rubriken ein

Erstellen Sie zunächst die vier Hauptordner. Bezeichnen Sie diese „Aktuelles 1", „Nachschlageakten 2", „Archiv 3" und „Vorlagen 4".

Legen Sie Verknüpfungen zu jedem Ihrer Hauptordner an.

Richten Sie anhand der vorbereiteten Ablagestruktur entsprechende Unter- beziehungsweise Unterunter-Verzeichnisse an.

Tipp:

Wichtig ist, dass Sie Ihre elektronische Ablage so anlegen, dass sie einen Teil Ihrer Papierablage ersetzen kann und Sie außerdem mit Ihrer elektronischen Ablage optimal arbeiten können. Die elektronische Ablage und die Papierablage sollten nahezu identisch sein, dies erleichtert Ihnen Ihre Arbeit.

Checkliste: Grundlagen einer effizienten elektronischen Ablage

- ✓ Machen Sie regelmäßig eine Sicherungskopie.
- ✓ Löschen Sie alle Dateien, die Sie nicht mehr brauchen.
- ✓ Achten Sie auf aussagefähige Namen Ihrer Dateien.
- ✓ Verschieben Sie Ihre Dateien in die Ordner: Aktuelles 1, Nachschlageakten 2, Archiv 3.
- ✓ Vermeiden Sie Doppel- und Dreifach-Ablagen.
- ✓ Reduzieren Sie Ihre Schriftgutmengen. Verzichten Sie, wann immer möglich, auf interne schriftliche Mitteilungen.
- ✓ Drucken Sie keine E-Mails aus. Sollte es doch einmal erforderlich sein, werfen Sie diese nach Bearbeitung weg.
- ✓ Legen Sie einen Aktenplan mit einer Stichwortliste im Computer an.
- ✓ Stimmen Sie Ihre Papier- und elektronische Ablage aufeinander ab.

1.4 Gesetzliche Aufbewahrungsfristen

Es gibt gesetzlich vorgeschriebene Aufbewahrungsfristen, die in drei Stufen gegliedert sind: Zehn Jahre, sechs Jahre und null Jahre. Maßgebend hierfür ist das Handels- und Steuerrecht.

Kaufleute müssen Unterlagen nach den gesetzlichen Aufbewahrungsfristen laut Handelsgesetzbuch aufbewahren (§ 238, 239, 257–261 HGB). Alle, die nach § 140 ff. der Abgabenordnung (AO) oder nach anderen Steuergesetzen Bücher oder sonstige Aufzeichnungen zu führen haben, müssen die Aufbewahrungsvorschriften der § 146, 147 AO beachten.

Übersicht: Aufbewahrungsfristen

Zehn Jahre

- Eröffnungs- und Schlussbilanzen mit Gewinn- und Verlustrechnung im Original
- Geschäftsberichte als Anlage zum Jahresabschluss
- Handelsbücher (Kassenbücher, Wareneingangs- und Warenausgangsbücher)
- Inventare (Betriebs- und Geschäftsausstattung)
- Lageberichte
- Gründungsakten der Gesellschaft
- Kontenpläne einschließlich Änderungen und Ergänzungen
- Buchungsbelege: Ausgangs- und Eingangsrechnungen, Depotauszüge, Fahrtkostenerstattung, Präsentnachweise, Gehaltslisten, Kontoauszüge, Quittungen, Reisekostenabrechnungen und Spendenbescheinigungen

Sechs Jahre

- Handelsbriefe: empfangene und Wiedergaben gesendete Handelsbriefe
- Faxe, soweit Handelsbriefe
- Dauerauftragsunterlagen
- Angebote mit Auftragsfolge
- Versicherungspolicen (nach Vertragsende)
- Mietverträge (nach Vertragsende)
- Verträge, auch Arbeitsverträge (nach Vertragsende oder Ausscheiden)
- Prozessakten (nach Prozessende)
- Betriebsprüfungsberichte im Original
- Darlehensunterlagen
- Behördliche Bescheinigungen
- sonstige Unterlagen, soweit für die Besteuerung von Bedeutung (Steuerprüfung abwarten)

Null Jahre

- Lieferanten- und Kundenanfragen
- Arbeitsaufträge
- Angebotsunterlagen ohne Auftragsfolge
- Prospekte
- Pressemitteilungen
- Gebrauchsanweisungen
- Konferenzprotokolle
- Bücherverzeichnisse
- Monatsabschlüsse
- Kundenlisten
- Halbjahresbilanzen
- Bewerbungsschriftwechsel

Tipp:

Die Entscheidung darüber, wie lange Unterlagen in der Ablage bleiben, fällt ebenfalls in Ihren Zuständigkeitsbereich. Sie können folgende Kodierung verwenden oder Ihr eigenes System entwickeln.

Übersicht: Kodierung der Ablage

Kodierung	Bedeutung
1/V	Nach einem Monat vernichten.
1/12	Bis zum Ablauf dieses Kalenderjahres abzulegen.
2/12	Bis zum Ablauf dieses und des kommenden Jahres abzulegen.
7/12	Bis zum Ablauf dieses und der nächsten sieben Jahre abzulegen.
EP	Bis zum Abschluss des Projektes abzulegen.
A	Archiv.

Diese Übersicht können Sie unter http://www.springer.com auf der Seite zum Buch unter „Zusätzliche Informationen" herunterladen, speichern und bearbeiten.

Tipp:

Nach HGB beziehungsweise AO beginnt die Aufbewahrungsfrist mit dem Schluss des Kalenderjahres, in dem das jeweilige Dokument entstanden ist. Allerdings läuft die Frist jedoch nicht ab, solange die Unterlagen für die Steuer von Bedeutung sind, für die die Festsetzungsfrist noch nicht abgelaufen ist. Also keine Vernichtung steuerlich relevanter Unterlagen, bevor die Außenprüfung erfolgt ist!

Es kommt darauf an, ob ein Dokument in den Wirkungsbereich der genannten Gesetze fällt oder nicht. Wenn ja, sind Aufbewahrungsfrist und -pflicht gesetzlich geregelt. Falls Sie sich näher mit dieser Thematik beschäftigen wollen, ist die AWV-Broschüre „Aufbewahrungspflichten und -fristen nach Handels- und Steuerrecht" empfehlenswert.

Beispiel: Wird ein Angebot mit Auftragsfolge am 1. Juli 2010 an den Kunden abgesendet, so beginnt die Aufbewahrungsfrist mit dem Schluss des Kalenderjahres 2010. Die Aufbewahrungsfrist läuft ab dem Jahr 2011 und endet mit Ablauf des Jahres 2017 (2011 + 6 Jahre). Das Dokument kann demnach ab dem 1. Januar 2012 vernichtet werden.

2 Chefentlastung – der Weg zur optimalen Zusammenarbeit

In der Zusammenarbeit mit Ihrem Chef werden Sie Tag für Tag vor neue Herausforderungen gestellt. Unvorhergesehene Situationen gehören zum Alltag, sei es in letzter Sekunde einen Konferenzraum organisieren, mal eben noch schnell eine Präsentation erstellen und zwischendurch noch rasch ein paar Anrufe erledigen. Ach ja, die Entscheidung, welcher Kopierer nun angeschafft wird liegt ja ebenfalls bei Ihnen. Zurufe des Chefs gibt es nur zwischen Tür und Angel, weil der Chef entweder stets auf Reisen oder in Meetings ist. Nicht zu vergessen, dass Sie dabei immer freundlich und hilfsbereit sind. Wenn Sie gerade mal wieder nicht wissen, was und wie Sie etwas zuerst tun sollen, werfen Sie ein Blick in die Vorlagen, Sie werden sicher viele sinnvolle Hilfsmittel für sich finden.

2.1 Professionelle Improvisation

Checkliste: Wie Sie sich auf unvorhergesehene Situationen einstellen

- ✓ Wichtig ist Ihre richtige Einstellung: verändern Sie Ihr Denken und Ihre Wahrnehmung auf plötzlich auftretende Problemsituationen, sie gehören zu Ihrem Alltag, es ist Ihr Job, damit umzugehen. Entwickeln Sie eine „Überraschungskompetenz"
- ✓ Trainieren Sie plötzlich auftretenden Stress: atmen und lächeln Sie ihn weg
- ✓ Lernen Sie aus Pleiten, Pech und Pannen nach dem Motto „Lessons learned"
- ✓ Bauen Sie sich einen Informationspool nach Stichworten auf: Tipps, Informationen, Hilfen
- ✓ Treffen Sie mit Ihrem Chef eine Absprache: was ist Ihr Handlungsspielraum und Ihre Entscheidungskompetenz. Hier ist eindeutige Klärung erforderlich.
- ✓ Investieren Sie in gute Beziehungen zu Ihren Kollegen, dies ist ein unschätzbarer Vorteil, vor allen Dingen in Notfällen
- ✓ Tritt ein Problem auf, müssen Sie es schnell und richtig einschätzen: Problem – Auswirkung – Ursache – Ziel – Lösung
- ✓ Überlegen Sie, welche Improvisationsfälle Sie zukünftig durch Organisation vermeiden können

> **Tipp:**
> Gegen Überraschungen im Arbeitsalltag sind Sie nie gefeit, wenn Sie aber damit rechnen, fällt es Ihnen leichter, diese zu bewältigen.

2.2 Chefentlastung – Basics

Entscheidungs- und Problemlösungstechniken helfen Ihnen, Ihre Führungskraft zu entlasten. Hierbei geht es darum, Vorgänge bis hin zur Entscheidungs- oder Unterschriftsreife allein zu bearbeiten – ausgestattet von Ihrem Chef/Ihrer Chefin auch mit den dazu notwendigen Kompetenzen.

Beispiel 1: Geschäftsreise: Düsseldorf – Berlin

Ihr Chef muss von Düsseldorf nach Berlin reisen und bittet Sie, für ihn die Entscheidung zu fällen, wie er am besten reisen kann.

Erklärung: Sie haben bei dieser Entscheidungsmatrix 2 Achsen: Anforderungskriterien und Alternativen. Sie tragen jeweils die Gewichtung von 1-3 ein.

Übersicht: Die Entscheidungsmatrix

Anforderungskriterien / Alternativen	Bequem	Sicher	Schnell	Preis	Summe
Flug	3	3	3	1	10
Bahn	3	2	2	2	9
Mietwagen	4	2	1	3	8

Diese Übersicht können Sie unter http://www.springer.com auf der Seite zum Buch unter „Zusätzliche Informationen" herunterladen, speichern und bearbeiten.

Vergeben Sie entsprechende Punkte:

Trifft nicht zu: 1

Trifft weniger zu: 2

Trifft voll zu: 3

> **Tipp:**
>
> In diesem Fall fällt die Entscheidung für das Flugzeug. Hätten Sie auch bei der Bahn 10 Punkte, müssten Sie die Anforderungen vertiefen. Beispielsweise Vorlieben Ihres Chefs oder bessere Abflugzeiten/Abfahrtzeiten oder der Flughafen liegt näher am Wohnort oder Bürostandort.

Chefentlastung - Basics

Beispiel 2: Ihr PC und seine Peripheriegeräte sind nicht mehr leistungsfähig genug. Ihr Chef genehmigt die Anschaffung einer kompletten Neuausstattung für Ihr Büro. Sie haben Angebote von diversen Herstellern eingeholt und Ihr Chef bittet Sie, selbst zu entscheiden, welches Modell gekauft wird.

Bitte tragen Sie unter „Anforderung" ein, was Ihnen wichtig ist.

Anforderung	Gewichtung *	Angebot 1	Angebot 2	Angebot 3

*) 1 = unverzichtbar   2 = wünschenswert   3 = weniger wichtig

Nach diesem Schema können Sie immer planvoll, sicher und rekonstruierbar entscheiden!

Die 8-W-Fragetechnik

Die 8-W-Fragetechnik ist ein hervorragendes Hilfsmittel bei Problemen. Mit diesen Fragen gelingt es Ihnen ganz schnell, der Ursache auf den Grund zu gehen, und das ist letztendlich ein entscheidender Faktor bei Problemen.

So gehen Sie bei dieser Technik vor:

1. Was ist geschehen? (Problem)
2. Wo ist es geschehen?
3. Wann ist es geschehen?
4. Wer ist betroffen?

5. Weshalb ist das Problem wichtig?
6. Wodurch entsteht das Problem?
7. Welche Lösungsversuche gibt es?
8. Für welche Lösung entscheiden Sie sich und wie setzen Sie diese um?

Kriterien für die Entscheidungsvorbereitung

- Priorisierung der Kriterien
- Aufwand und Kosten
- Nutzen und Gewinn
- Betroffene Personen und Projekte
- Zeit

Die 7 größten Fehler bei der Entscheidungsvorbereitung

1. Den Entscheidungsträger drängeln
2. Unvollständig vorbereiten
3. Wichtige Personen nicht einbeziehen
4. Zu viel Text schreiben
5. Entscheidung abnehmen
6. Rechenfehler oder unsaubere Darstellung von Fakten
7. Die Zusammenfassung fehlt

Checkliste: Allgemeine Tipps zur Chefentlastung

Vorbereitung von Schriftstücken:

- ✓ Wichtige Stellen markieren, unterstreichen
- ✓ Notieren Sie für sich wichtige Inhalte und Termine
- ✓ Fügen Sie die entsprechenden Vorgänge zu
- ✓ Machen Sie gegebenenfalls „Randnotizen"

Chefentlastung - Basics

Schriftstücke kennzeichnen, dann wissen beide, was damit zu tun ist:

- ✓ A = Ablage
- ✓ R = Rücksprache
- ✓ T = Termin
- ✓ WV = Wiedervorlage
- ✓ Rücksprachevermerke

Unmittelbare Chefentlastung:

- ✓ An Termine erinnern
- ✓ Die Wiedervorlage steuern
- ✓ Prioritätenliste: auf noch nicht erledigte Aufgaben achten, nachfassen
- ✓ Auftrags- und Terminkontrolle
- ✓ Sorgen Sie dafür, dass Ihr Chef „Pufferzeiten" hat
- ✓ Terminplanung und Terminüberwachung

Bearbeitung der Chef E-Mails - Kennzeichnen nach Prioritäten

- ✓ A: Dringend, hohe Wichtigkeit, sofort bearbeiten oder lesen
- ✓ B: Geringere Wichtigkeit, nicht eilig
- ✓ C: Bei Gelegenheit lesen

Aufgaben bei der Chefentlastung

Die Assistentin/der Assistent ...

... erinnert an Termine

... steuert die Wiedervorlage

... führt eine Prioritätenliste über offene Aufgaben

... kontrolliert Termine und Aufträge

... entscheidet über Post- und Arbeitsvorlagen für den Chef, fügt Unterlagen hinzu und holt die notwendigen Informationen ein

... gibt bei Abwesenheit des Chefs Zwischenberichte und leitet bei Bedarf Unterlagen an die Mitarbeiter weiter

... ist Anlauf- und Auskunftsstelle

... trägt die Verantwortung für die Richtigkeit aller Schreiben, die das Chefsekretariat verlassen

... bereitet Arbeitsblöcke, störungsfreie Stunden für den Chef und feste Sprechzeiten für Mitarbeiter vor

... sorgt für Pufferzeiten bei Terminen

... schirmt den Chef bei unpassenden Telefonaten und Besuchern soweit wie möglich ab

... erstellt Arbeitsvorlagen für Telefonate, Besprechungen und Reisen

... überwacht die Durchführung von Beschlüssen

... berät ihren Chef bei Personalangelegenheiten

... trägt dazu bei, in Stressphasen Ruhe zu bewahren

Legen Sie sich eine Besprechungsliste an, was Sie nach der Rückkehr Ihres Chefs mit ihm klären müssen:

Virtuelle Chefentlastung

- Was bringt er an Arbeit für Sie von der Reise mit
- Welche Nacharbeit ist von Ihnen zu erledigen
- Ein Abgleich der Termine ist erforderlich
- War Ihre Reiseplanung in Ordnung
- Geben Sie ihm die Anruferliste
- Bringen Sie ihn auf den aktuellen Stand

> **Tipp: So erfahren Sie, was Sie wissen müssen:**
>
> Fragen an Ihren Chef:
>
> - Gibt es für Sie wichtige Infos von der gestrigen Besprechung?
> - Gibt es wichtige Infos von der letzten Geschäftsreise?
> - Wie lautet das Ergebnis des Gespräches mit Herrn XY?
>
> Fragen an die Kollegen:
>
> - Was läuft im Projekt, was sollte Ihr Chef wissen?
> - Stand der Dinge in der Verhandlung?
> - Was muss Ihr Chef sonst noch wissen?

Mit einer Rückrufliste kann Ihr Chef auf einen Blick überblicken, was der Anrufer von ihm will, was Sie bereits veranlasst haben und was noch von ihm zu erledigen ist.

Chefentlastung – Basics

Übersicht: Rückrufliste

Datum	Anrufer	Tel.-Nr.	Anliegen	Bereits veranlasst
14.3.20.. 10:30 Uhr	Herr Röhde, Röhde Consulting	0213-45 76 99	Angebot Teamtraining	RÜ ab 17.3.20.. angekündigt
15.3.20.. 14:45 Uhr	Frau Herbst, BMW	089-75 33 22 89	Vortrag Kongress	Infos über Kongress geschickt

Diese Übersicht können Sie unter http://www.springer.com auf der Seite zum Buch unter „Zusätzliche Informationen" herunterladen, speichern und bearbeiten.

Häufig haben Sie keine Gelegenheit, Ihrem Chef die Informationen persönlich weiter zu geben, nutzen Sie in diesen Fällen ein Übergabeprotokoll, damit Ihr Chef rasch auf dem aktuellen Stand ist.

Übersicht: Übergabeprotokoll

Datum	Information	Veranlasst	Wer	Wann
22.5.20.. 14:00 Uhr	Kunde Müller reklamiert die letzte Lieferung	Technik prüft die Lieferung	R. Schulze, Abt. Reklamationsbearbeitung	23.5.20..
22.5.20..	Frau Klinge, Personalabteilung: Termin für neue ZVB`s für Mitarbeiter	Terminvorschläge: 28.5., 3.6. oder 12.6. 20..	Assistentin	22.5.20..

Diese Übersicht können Sie unter http://www.springer.com auf der Seite zum Buch unter „Zusätzliche Informationen" herunterladen, speichern und bearbeiten.

Wenn Ihr Chef nicht im Büro ist, muss er über alles informiert sein. Ein gutes Hilfsmittel ist in diesem Zusammenhang ein Tagesbericht, den Sie ihm einmal pro Tag elektronisch zusenden.

Drucken Sie diesen Bericht aus; machen Sie sich zur Regel: erst, wenn Ihr Chef alle Punkte abgehakt hat, ist der Bericht erledigt.

Übersicht: Der Tagesbericht

To Do Chef:

– Gespräch mit Herrn Kunze bis Mittwoch vorbereiten
– Präsentation für Abteilungsmeeting erstellen
– Herrn Winterberg, Sommer & Co., (Tel.-Nr.: 0231 77 56 00) anrufen wegen Termin

---

Infos/To Dos Assistenz:

– Zahlen für Kundenbesuch zusammenstellen
– Flug nach New York buchen
– Hotel in NYC reservieren
– Termine in NYC abstimmen
– Visum für China beantragen

Informationen – was war Heute?

– Herr X ist für 1 Woche krank geschrieben
– Die Sitzung „Restrukturierung" wird bis auf weiteres verschoben
– Der Plan für die neue Raumbelegung ist genehmigt
– Vorstand will über die China-Reise informiert werden

Anrufe

– Herr Schneider bittet bei Gelegenheit um Info über den Verlauf der neuen Testreihe
– Frau Kriger bitte um Rücksprache wegen der Hausmesse
– Frau Theising hat den Termin für Oktober bestätigt

Termine???

Hier teilt der Chef Ihnen alle Termine mit, die er während seiner Abwesenheit selbst vereinbart hat, so sind Sie stets auf dem Laufenden.

Tipp:

Drucken Sie den Tagesbericht aus und legen ihn gleich oben auf die Postmappe für Ihren Chef. Vereinbaren Sie mit ihm, dass Sie diese Liste erst ablegen, wenn er alle Punkte abgehakt hat. So vermeiden Sie, dass doch etwas untergeht, für das Sie die Verantwortung tragen.

Übersicht: Die Vorgangsliste – alles auf einen Blick

Auch diese Liste ist eine Variante, die Ihren Chef auf einen Blick über alle laufenden Aktionen informiert.

Datum	Welcher Vorgang	Was ist es konkret	Vorgangsweise	Noch offen
10.11.20..	E-Mail von Alu-Schmitz	Beschwerde, falsche Berechnung	Weitergeleitet an Buchhaltung	Erledigt
10.11.20..	Vortragswunsch Uni Berlin	Einladung, Vortrag über Stahl zu halten	Uni über Ihre Reise informiert	Bitte mit Prof. Klein sprechen
12.11.20..	Anruf von Dr. Schüller	Wer wird Projektleiter	PL-Bewerbungen auf Schreibtisch	Klären, festlegen, bitte Dr. Schüller informieren
13.11.20..	Anruf von Frau Krüll	Bitte Rückruf wegen Termin Essen	Termin freigehalten	Bitte Zu- oder Absage

Diese Übersicht können Sie unter http://www.springer.com auf der Seite zum Buch unter „Zusätzliche Informationen" herunterladen, speichern und bearbeiten.

2.3 Terminplanung

Mit W-Fragen können Sie Termine optimal vorbereiten:

Optimale Vorbereitung von Terminen

- **Wer**
- Trifft sich mit **wem**
- **Wo**
- **Wann**
- **Wie lange**
- **Weshalb**
- Mit **welchem** Ziel
- **Welche** Hilfsmittel werden benötigt?

2.4 Veränderungsprozesse im Sekretariat managen

Sie wissen, dass Sie auch in Ihrem Bereich von Veränderungen betroffen sind. Sicher eine nicht immer leichte Aufgabe, diesen professionell zu begegnen.

Mit dieser Übersicht finden Sie Ihren Platz im Change-Prozess und können Ihren Vorgesetzten dabei unterstützen.

Übersicht: Die 7 wichtigsten Stufen des Change Managements

Veränderung	Bedeutung für das Sekretariat
1. Bewusstsein für dringenden Veränderungsbedarf schaffen	Durch umfassende systematische und regelmäßige Überprüfung der eigenen Tätigkeiten und Arbeitsergebnisse werden Verbesserungspotenziale zur strategischen Planung aufgezeigt.
2. Visionär führen und messbare Strategien entwickeln	Vision entwickeln, daraus eine Strategie ableiten und in konkrete Aktionsprogramme umwandeln.
3. Vision und Strategie kommunizieren	Die Beteiligten informieren über Ihr Vorhaben in Ihrem Bereich.
4. Kurzfristig sichtbare Erfolge planen	Methoden des Projektmanagements kennen, für die eigenen Arbeiten einsetzen und auch Ihren Chef bei seinen Projekten unterstützen.
5. Prozessorientierte Steuerung der Veränderung durch Mitarbeiter	Stets die eigenen Organisationsabläufe hinterfragen.
6. Erfolge konsolidieren und Veränderungen institutionalisieren	Veränderungen managen heißt, das Neue wird zum Alltagsgeschäft. Muss hinsichtlich Verbesserungspotenzialen hinterfragt werden.
7. Neue Verhaltensweisen kultivieren	Durch effektive Selbstführung wird die Fähigkeit zu selbstverantwortlichem Handeln weiter entwickelt.

3 Führung und Management

Die Anforderungen an Führungskräfte sind umfangreich: Klar und entscheidungsfreudig, strategischer Weitblick, risikofreudig, aber nicht leichtsinnig, mit kommunikativem Fingerspitzengefühl und durchsetzungsfähig … Auch Assistenzkräfte benötigen Führungswissen, denn sie müssen im Auftrag ihres Chefs delegieren, Informationen einholen und ihn in seiner Abwesenheit vertreten.

Das folgende Kapitel soll Ihnen im Führungsalltag eine Unterstützung sein, betrachten Sie diese Informationen als einen Werkzeugkasten, aus dem Sie sich je nach Bedarf bedienen können.

3.1 Die Bedeutung der Management-By-Begriffe

Peter Ferdinand Drucker (19.11. 1909 – 11. 11. 2005) war ein US-amerikanischer Ökonom österreichischer Herkunft. Seit den 1940ern Jahren veröffentlichte er zahlreiche Werke über Theorie und Praxis des Managements. Er machte sich einen Namen als origineller und unabhängiger Denker. Drucker bemühte sich in seinen Werken stets um Klarheit und Übersicht. 1954 bereits formulierte er das „Management by objectives" oder „Führen durch Zielvereinbarungen". Es ist eine Methode aus der Betriebswirtschaft zur Führung von Mitarbeitern.

Drucker unterscheidet zwischen den folgenden Methoden:

	Ziel	Methode	Probleme
Management-by-Objectives	Entlastung der Vorgesetzten, da sie bei der Zielerreichung im Einzelnen nicht mehr beteiligt sein sollen; Freiheit bei der Art der Zielerreichung durch die Mitarbeiter. Dadurch hohe Identifikation und Kreativität: partnerschaftliche Zusammenarbeit der Mitarbeiter wird gefördert.	Vorgesetzte und Mitarbeiter arbeiten gemeinsam ein geschlossenes Zielsystem aus. Die Teilziele, die Ziele der Mitarbeiter sind, werden so miteinander verknüpft, dass die Mitarbeiter, wenn sie eigene Ziele erreichen, gleichzeitig einen Beitrag zur Erreichung des obersten Zieles leisten.	– Zielkonflikte sind leicht möglich – Ungenaue Zielformulierung führt zu Konflikten

	Ziel	Methode	Probleme
Management-by-Delegation („Harzburger Modell")	Entlastung der Vorgesetzten von Routineaufgaben durch Delegation von Aufgaben, Verantwortung und Entscheidungen auf die Mitarbeiter. Dadurch Verantwortungssteigerung bei den einzelnen; Initiative und Einsatzfreude werden gehoben.	Übertragung klar abgegrenzter Aufgabenbereiche mit Kompetenz und Verantwortung seitens der Vorgesetzten an nachgeordnete Mitarbeiter – dezentrale Entscheidungsfindung.	– Probleme liegen vorwiegend beim Menschen selbst. (Es wird in delegierte Aufgaben „hineinentschieden") – Überorganisation durch sehr detaillierte Stellenbeschreibungen – Dadurch Unflexibilität des Organisationssystems – setzt Stellenbeschreibung mit klar abgegrenzten Delegations- und Entscheidungsbereichen voraus
Management-by-Exception	Entlastung der Vorgesetzten von Routineaufgaben bei gleichzeitiger Delegation von Entscheidungen und Verantwortung auf die jeweils nachfolgenden Ebenen. Dadurch starke Motivation und Leistungswillen bei Mitarbeitern.	Vorgesetzte greifen nur dann ein, wenn starke Abweichungen vom angestrebten Ziel auftreten.	– Eingreifen der Vorgesetzten ausschließlich bei negativem Abweichen von der Norm, dadurch Demotivation der Mitarbeiter – Wo liegt der kritische Wert, der die Grundlage der außergewöhnlichen Abweichung vorgibt?

	Ziel	Methode	Probleme
Management-by-Breakthrough	Zwei vorrangige Ziele der Vorgesetzten: Erzielung eines Durchbruchs zur Erreichung einer Verbesserung Kontrollen zur Vermeidung ungünstiger Veränderungen	Entscheidend für einen Durchbruch ist die unternehmerische Haltung und die persönliche Initiative des jeweiligen Vorgesetzten	Es wird eine eigene „Steuerungsabteilung" für die notwendigen Schritte sowie eine diagnostische Abteilung benötigt. Erfordert Allroundmitarbeiter. Sehr aufwändig.
Management-by-Control and Direction	Autoritäre Führungshaltung des Vorgesetzten	Keine Delegation, sondern Arbeitsverteilung und Ausführungsüberwachung durch den Vorgesetzten	Eigeninitiative der Mitarbeiter wird unterdrückt. Motivierende Faktoren fehlen.
Management-by-Planning	Es werden Ziele vorgegeben oder vereinbart.	Der Plan dient zur besseren Kontrolle der unvermeidlichen Abweichungen.	Nur zwei Management-Funktionen, Planen und Kontrollieren werden einbezogen, nicht dagegen: Organisieren und Führen

3.2 Führungsstile und ihre Bedeutung für den Alltag

3.2.1 Der autoritäre/autokratische Führungsstil

Kennzeichen

- Zentrale Herrschaftsinstanz
- Führungskraft beruft sich auf ihre Autorität, damit die Mitarbeiter tun, wozu sie angewiesen werden
- Chef trifft Entscheidungen alleine
- Ausgefeiltes Kompetenzsystem erforderlich
- Kein persönlicher Kontakt zwischen Führendem und Geführten
- Führungskraft muss über enorme Sachkompetenz verfügen, um immer richtig entscheiden zu können

- Führungskraft muss extrem belastbar sein, fällt sie aus, geht alles den Bach runter
- Führungskraft muss sehr durchsetzungsfähig sein und mit der Einsamkeit an der Spitze leben können
- Hohe Aufgabenorientierung
- Niedrige Menschenorientierung

Vorteil: hohe Entscheidungsgeschwindigkeit

3.2.2 Der kooperative/demokratische Führungsstil

Kennzeichen

- Mitarbeiter werden ermutigt, an der Entscheidungsfindung teilzunehmen
- Führungskraft muss den Mitarbeitern genau definierte Entscheidungsbefugnisse und Freiräume übertragen
- Pflegt mit Mitarbeitern einen partnerschaftlichen Dialog
- Respektiert Mitarbeiter als gleichwertig
- Akzeptiert, dass die Mitarbeiter in ihrem Sachgebiet besser Bescheid wissen
- Führungskraft mag Menschen und vertraut ihnen
- Hohe Menschenorientierung
- Niedrige Aufgabenorientierung

Nachteil: Verlangsamte Entscheidung

3.2.3 Der Laissez-faire (gewähren-lassender) Stil

Kennzeichen

- Führungskraft führt aus dem Hintergrund, lässt Mitarbeitern weitgehend freie Hand
- Führungskraft arbeitet daraufhin, dass Mitarbeiter zu autonom, denkenden und handelnden „Unternehmern" werden
- Führt über Zielvereinbarungen
- Versucht Mitarbeiter so selbstständig zu machen, dass er sich aus dem operativen Geschäft zurückziehen könnte
- Niedrige Menschenorientierung
- Niedrige Aufgabenorientierung

Gefahr: Mangelnde Disziplin, Kompetenzstreitigkeiten, Rivalität, Unordnung, Durcheinander

3.2.4 Der charismatische Führungsstil

Kennzeichen

- Führungskraft wird als absolute Autorität aufgrund ihrer Persönlichkeit angesehen
- Entscheidet alles allein
- Wenig Regeln und Strukturen
- Die Untergebenen werden somit abhängig
- Starke Dynamik und Effizienz in Grenzsituationen
- Niedrige Menschenorientierung
- Hohe Aufgabenorientierung

3.2.5 Der „ideale" Führungsstil

Kennzeichen

- Der Führungsstil wird der Situation angepasst
- Eine Mischung aus autokratisch und demokratisch
- Erfordert eine psychologisch fundiertes und zeitgemäßes Führungsverständnis
- Wichtig: hohes Maß an Einfühlungsvermögen

Möglichkeiten des situativen Führungsstils:

- Anweisen: Führungskraft entscheidet was zu tun ist; Einzel- oder Gruppenanweisung
- Verkaufen: Führungskraft entscheidet selbst, erklärt aber, warum etwas getan werden muss
- Testen: Vor der Entscheidung holt die Führungskraft die Meinung der Mitarbeiter ein, anschließend eventuell Kurskorrektur
- Konsultieren: Führungskraft gibt das Problem in die Gruppe, bezieht die andren vor Festlegung mit ein

3.3 Führungskompetenz

Übersicht: Die 4 Kompetenzbereiche

1. Fachkompetenz

- Wirtschaftliches Denken und Handeln
- Konzepte des strategischen Management
- Kundenzufriedenheit und Kundenbindung
- Kommunikationsmodelle
- Grundlagen der Motivation
- Konflikte in Organisationen

2. Methodenkompetenz

- Wettbewerbsstrategien
- Instrumente des Rechnungswesens und Controlling
- Kundenbindung
- Teamentwicklung
- Business-Planning
- Gesprächsführung
- Motivation von Mitarbeitern

3. Sozialkompetenz

- Führung von Mitarbeitern
- Konfliktmanagement
- Teamsteuerung
- Teamentwicklung

—	Kommunikationsmodelle
—	Interkulturelles Management

4. Selbstkompetenz

—	Reflexion des eigenen Standpunktes
—	Reflexion der eigenen individuellen Entwicklungsziele
—	Selbstbewusstsein
—	Emotionale Intelligenz

Daniel Goleman (* 1946 in Kalifornien, USA) ist ein amerikanischer Psychologe, der als Wissenschaftsjournalist bekannt wurde. Er lehrte als klinischer Psychologe an der Harvard-Universität, war Herausgeber der Zeitschrift *Psychology Today* und ist seit mehreren Jahren Redakteur für Psychologie und Naturwissenschaften bei der New York Times. Bekannt wurde er durch sein 1995 erschienenes Buch *EQ: Emotionale Intelligenz*, 2006 ließ er mit *Soziale Intelligenz* ein Buch folgen, in dem zwischenmenschlicher Umgang und das Verhalten in sozialen Zusammenhängen im Vordergrund steht.

> **Tipp:**
> Goleman stellt die Behauptung auf, dass ein wirklich guter Chef 10 % Fachwissen und 90 % emotionale Qualitäten benötigt. Seiner Meinung nach gehört dazu:

Übersicht: Führungskompetenzen nach Daniel Goleman

Soziale Kompetenz:	— Kontaktfreude — Beziehungen ausbauen
Selbststeuerung:	— Die eigenen Gefühle beherrschen — Probleme sachlich lösen
Empathie:	— Einfühlungsvermögen in die Gefühlswelt anderer zeigen
Motivation:	— Andere Menschen motivieren können

Führung ist die Fähigkeit, richtige Aufgaben von den richtigen Menschen erledigen zu lassen. Daraus ergeben sich zwei Grunddimensionen der Führung:

1. Aufgabenorientierung
2. Menschenorientierung

Die nächste Checkliste zeigt Ihnen, was jeweils dazu gehört.

Checkliste:	Dimensionen der Führung
Kompetenzen Aufgabenorientierung:	✓ Aufgaben klar definieren ✓ Ziel, Sinn und Zweck (Motivation) darstellen ✓ Zuverlässigkeit bieten (Termine, Rückmeldungen einhalten) ✓ Techniken, Hilfsmittel, Tools nutzen ✓ Fachkompetenz besitzen
Kompetenzen Menschenorientierung:	✓ Mitarbeiter fordern und fördern (Stärken und Schwächen erkennen) ✓ Betroffene zu Beteiligten machen ✓ Wissen, dass Mitarbeiter die lokalen Experten sind ✓ Beziehungsebene nutzen (Gefühle und Bedürfnisse ernst nehmen ✓ Konstruktives Feedback geben und nehmen

Soziale Kompetenz

- Selbstsicherheit
- Selbstvertrauen
- Selbstbehauptung
- Durchsetzungsvermögen
- Kontaktfähigkeit

> **Tipp:**
>
> Als sozial kompetent gilt, wer es schafft einen akzeptablen Kompromiss zwischen sozialer Anpassung und den eigenen Bedürfnissen zu verwirklichen.

3.4 Delegieren, aber richtig

Voraussetzungen fürs Delegieren

- Sie erziehen Ihre Mitarbeiter zur Selbstständigkeit
- Sie fördern das Mitdenken
- Mitarbeiter erhalten Informationen
- Werden Fehler gemacht, kritisieren Sie sachlich
- Vergessen Sie nicht, Erfolge zu erkennen und anzuerkennen

Wann Sie delegieren sollten

- Wenn Sie mehr Arbeit haben als Sie schaffen können
- Wenn Sie für vorrangige Arbeiten nicht genügend Zeit haben
- Wenn Sie wollen, dass sich Ihre Mitarbeiter weiterentwickeln
- Wenn die Arbeit auch von Ihren Mitarbeitern erledigt werden kann

Widerstände gegen das Delegieren

Prüfen Sie, ob die folgenden Aussagen auf Ihr Verhalten zutreffen:

- Ihre Arbeitssituation ist so stark, Sie haben keine Zeit für Erklärungen und Kontrolle
- Sie wissen selbst nicht genug über die an Sie delegierten Aufgaben
- Sie glauben schneller als Ihre Mitarbeiter zu sein
- Sie hängen an einer bestimmten Arbeit, weil Sie Ihnen Spaß macht
- Sie befürchten die Mitarbeiter könnten eine Aufgabe besser lösen (Konkurrenz)
- Sie befürchten Kontrollverlust
- Sie misstrauen dem Können, der Leistungsbereitschaft der anderen und wollen kein Risiko eingehen
- Sie befürchten Autoritäts- oder Imageverlust

> **Tipp:**
> - Legen Sie sich eine Delegationsliste an
> - Besprechen Sie den Auftrag mit Ihren Mitarbeitern in Ruhe, der Auftrag muss verstanden werden
> - Verlangen Sie einen Maßnahmenplan mit Teilschritten und Terminen

- Regelmäßig Durchführungen des Plans überprüfen und in Ihre Delegationsliste eintragen
- Lassen Sie sich die vereinbarten Kontrollen von Ihren Mitarbeitern vorlegen

Wirkungsvoll delegieren

- Erklären sie, warum die Aufgabe wichtig ist
- Was für Folgen hat es, wenn die Aufgabe nicht oder unvollständig erledigt wird?
- Wer soll es machen?
- Was genau ist zu tun?
- Welche Teilaufgaben gibt es?
- Welche Abweichung vom Soll kann akzeptiert werden?
- Welches Wissen, Wollen und Können hat der Mitarbeiter?
- Wie soll die Aufgabe ausgeführt werden, welche Verfahren sollen angewendet werden?
- Welche Vorschriften, Richtlinien sind zu beachten?
- Welche Stellen, Abteilungen müssen informiert werden?
- Welche Entscheidungsbefugnisse hat der Mitarbeiter?
- Setzen sie Ziele und beschreiben Sie diese
- Lassen Sie Raum für Fragen
- Klären Sie, wer bei Problemen der Ansprechpartner ist
- Welche Infos, welches Material kann genutzt werden
- Welche zusätzliche Unterstützung benötigt der Auftragnehmer?
- Setzen Sie einen genauen Termin (Datum und Uhrzeit) für die Fertigstellung
- Überprüfen Sie das Ganze von Zeit zu Zeit, vereinbaren Sie dies mit dem Mitarbeiter
- Besprechen Sie, ob Zwischenberichte erforderlich sind

3.5 Feedback

Gutes Feedback ist ...

... eher beschreibend als bewertend

... eher konkret als allgemein

... eher einladend als zurechtweisend

... eher verhaltensbezogen als charakterbezogen

... eher sofort und situativ als verzögert und rekonstruiert

... eher klar und pointiert als verschwommen und vage

Checkliste: Regeln für das Feedback-Gespräch

- ✓ Bereiten Sie sich gründlich vor
- ✓ Halten Sie sich an Fakten, vermeiden Sie Vorurteile
- ✓ Trennen Sie Verhalten und Eigenschaften
- ✓ Bringen Sie konkrete Beispiele
- ✓ Drücken Sie sich klar und einfach aus
- ✓ Ist etwas unklar, fragen Sie nach
- ✓ Setzen Sie die Ich-Botschaften ein („Ich habe festgestellt ...", „Mir ist aufgefallen ...")
- ✓ Seien Sie offen und ehrlich
- ✓ Ist das Feedback nützlich für die Zukunft
- ✓ Besprechen Sie konkrete Kriterien für die Veränderungen
- ✓ Bedenken Sie die Wirkung des Feedbacks

3.6 Führungsgrundsätze

Checkliste: Allgemeine Führungsgrundsätze

- ✓ Beteiligen Sie Ihre Mitarbeiter an Ihren Überlegungen und Planungen. Geben Sie ihnen das Gefühl wichtig, zu sein
- ✓ Machen Sie nicht alles allein, delegieren Sie! Sorgen Sie dabei für eindeutige Zuordnung von Aufgaben, Kompetenzen und Verantwortung. Wir sprechen hier vom „Kongruenzprinzip".
- ✓ Informieren Sie rechtzeitig und umfassend. Unzureichend informierte Mitarbeiter handeln „blind".
- ✓ Mischen Sie sich nicht ein, so lange es läuft.
- ✓ Helfen Sie Mitarbeitern, lassen Sie sich auch von Ihren Mitarbeitern helfen.

- ✓ Zeigen Sie, dass Sie sich für die Arbeit Ihrer Mitarbeiter interessieren. Führen Sie regelmäßige Besprechungen durch.
- ✓ Sprechen Sie Kritik und Anerkennung unverzüglich aus. Unterlassen Sie Kritik nicht, wo Sie notwendig ist, kein Laissez-faire-Stil.
- ✓ Fördern Sie Ihre Mitarbeiter. Die richtige Person auf dem passenden Platz!
- ✓ Treffen Sie Entscheidungen!
- ✓ Vermeiden Sie Hektik, Reibung und Aggression. „If you want to gather honey, do not kick over the beehive" (Dale Carnegie, 1938).
- ✓ Für's Ganze lasst uns tätig sein.

In meinen Seminaren habe ich häufig von meinen Teilnehmern Führungsgrundsätze erarbeiten lassen. Die wichtigsten finden Sie in der folgenden Checkliste:

Checkliste: Führungsgrundsätze aus der Praxis für die Praxis

- ✓ Bleiben Sie bei der Wahrheit
- ✓ Nehmen Sie Ihren Gesprächspartner wahr
- ✓ Sorgen Sie stets für eine direkte Aussprache
- ✓ Geben Sie Anerkennung – auch für Kleinigkeiten
- ✓ Geben Sie Planungssicherheit (soweit möglich)
- ✓ Stimmen Sie realistische Termine ab
- ✓ Stimmen Sie Termine ab – machen Sie keine willkürlichen ohne Absprache
- ✓ Stellen Sie angemessene Forderungen
- ✓ Erkennen Sie Leistungen an
- ✓ Haben Sie Vertrauen und zeigen Sie dies
- ✓ Definieren Sie Ziele klar und erreichbar
- ✓ Zeigen Sie Perspektiven auf
- ✓ Bringen Sie Ideen in Ihr Team
- ✓ Lassen Sie Ziele von Ihren Mitarbeitern erarbeiten
- ✓ Seien Sie zu „bestimmten" Zeiten ansprechbar
- ✓ Geben Sie Feedback (negativ und positiv)
- ✓ Äußern Sie Kritik im 4-Augen-Gespräch

- ✓ Behandeln Sie Mitarbeiter gleich – keine „offensichtliche" Bevorzugung
- ✓ Keine Beleidigungen
- ✓ Prioritäten setzen
- ✓ Keine „Feinde" ins Team bringen
- ✓ Menschen einbeziehen und ernst nehmen
- ✓ Arbeit gleichmäßig und nach Fähigkeiten vergeben
- ✓ Urlaub gerecht regeln
- ✓ Versprochenes einhalten
- ✓ Sinnvolle Aufgaben verteilen
- ✓ Mitarbeiter ernst nehmen
- ✓ Aufträge rechtzeitig erteilen und erklären

Tipp:

Sicher wird es Ihnen in der Hektik des Alltags nicht gelingen, alles umzusetzen oder zu bedenken. Werfen Sie so oft Sie die Gelegenheit haben, einen Blick auf diese Liste, rufen Sie sich dadurch immer wieder ins Bewusstsein, worauf es beim Führen ankommt.

3.7 Motivation – mehr als nur ein Schlagwort!?

3.7.1 Bedürfnispyramide nach Maslow

Abraham Harold Maslow (geb. 1.4.1908 in New York, gest. 8.6.1970 in Kalifornien) war ein amerikanischer Psychologe. Er gilt als der wichtigste Gründervater der Humanistischen Psychologie. Die Maslowsche Bedürfnispyramide stellt das Entwicklungsmodell der Hierarchie menschlicher Bedürfnisse dar. Maslow ging davon aus, dass die jeweils untere Ebene befriedigt sein muss, bevor die nächst höhere angestrebt werden kann. Die vier unteren Stufen stellen sogenannte Defizitmotive dar und die Pyramidenspitze – Selbstverwirklichung – sollte nicht als Ergebnis, sondern als Prozess betrachtet werden.

Ebene 5:	Selbstverwirklichung
Ebene 4:	Ich-Motive (Anerkennung, Status, Prestige, Achtung)
Ebene 3:	Sozialmotive (Kontakt, Zugehörigkeit, Gemeinschaft)
Ebene 2:	Sicherheitsmotive (Schutz, Angstfreiheit, Sicherung der materiellen Existenz)
Ebene 1:	Physiologische Bedürfnisse (Hunger, Durst, Schlafen, Selbsterhaltung, Ruhe, Bewegung)

Checkliste: Motivation - Basics

Wie Sie Leistung und Gesundheit beim Mitarbeiter erhalten:

- ✓ Nehmen Sie sich Zeit, um mit Ihren Mitarbeitern zu sprechen
- ✓ Erkennen sie außergewöhnliche Belastungen und handeln Sie für Ihren Mitarbeiter
- ✓ Heben Sie besondere Leistungen konkret hervor
- ✓ Verstecken Sie sich nicht hinter Vorwänden, seien Sie ehrlich und direkt
- ✓ Spielen Sie kein falsches Spiel. Beziehen Sie Mitarbeiter soweit wie möglich ein.
- ✓ Das Ganze ist mehr als die Summe seiner Teile. Fördern Sie Teamstrukturen.
- ✓ Achten Sie auf einen Ausgleich zwischen Belastungen und Teamstrukturen
- ✓ Seien Sie Pate in Sachen Gesundheit – gehen Sie als Vorbild voran
- ✓ Sorgen Sie für ein nachvollziehbares, gerechtes Entlohnungssystem
- ✓ Delegieren Sie Befugnisse
- ✓ Sorgen Sie für eine Aufgabenerweiterung

Tipp:

Alle Genies hatten zu allen Zeiten eine Gemeinsamkeit: Sie waren von einer Aufgabe besessen.

Die Begeisterung für eine Idee, eine Vision, ein Ziel ist die größte Motivation.

3.8 Das Mitarbeitergespräch

Der wesentliche Erfolg eines Mitarbeitergespräches hängt nicht zuletzt von der richtigen Fragetechnik ab. Die meisten Informationen erhalten Sie mit offenen W-Fragen. Vermeiden Sie in Gesprächen die Frage nach dem „Warum". Die „Warum-Frage" ruft schnell Aggression hervor, wir haben das Gefühl, uns rechtfertigen zu müssen.

Gewinnen Sie mit der richtigen Fragetechnik

- Wie erleben Sie die Zusammenarbeit?
- Welche positiven Aspekte sehen Sie in der Zusammenarbeit?
- Wo und aus welchen Gründen treten Probleme auf?
- Worin liegen die Gründe für das Nichterreichen der Arbeitsziele?
- Welche Entwicklungsansätze und Perspektiven sehen Sie für sich persönlich?
- Welche Qualifizierungen sind notwendig?
- Wie ist Ihre Meinung dazu?
- Was werden Sie in der Angelegenheit künftig anders machen?
- Was denken Sie, sollte ich tun?
- Was würden Sie tun, wenn einer Ihrer Mitarbeiter ...?
- Was meinen Sie, wie ich das sehe?
- Was ließe sich Ihrer Meinung nach daran ändern?
- Wie kann ich Sie dabei unterstützen?
- Was waren die Gründe, dass ...?

Nehmen Sie sich die Checkliste als Hilfsmittel für ein zielorientiertes Gespräch:

Checkliste: Regeln für das Mitarbeitergespräch

- ✓ Stimmen Sie einen Termin mit dem Mitarbeiter ab
- ✓ Bereiten Sie sich gut vor, das ist schon die halbe Miete
- ✓ Planen Sie ausreichend Zeit ein, ein Gespräch unter Zeitdruck würde besser gar nicht stattfinden
- ✓ Machen Sie keine Fortschreibung der vergangenen Gespräche, wärmen Sie nicht Dinge immer und immer wieder auf
- ✓ Bringen Sie konkrete Beispiele (Fakten)
- ✓ Sorgen Sie für eine angenehme Atmosphäre

> **Tipp:**
>
> Das Mitarbeitergespräch ist ein wichtiges Kommunikationsmittel für gemeinsames Handeln. Themen eines solchen Gespräches sind Auffassungen, Interessen, Befürchtungen, Wünsche, Probleme und Erwartungen. Es ist niemals ein Entgeltgespräch.

Ziel und Inhalt von Mitarbeitergesprächen

- Pflege: Kontakt zwischen Mitarbeiter und Vorgesetztem
- Wie lautet die genaue Aufgabenstellung?
- Welche Vollmacht und Verantwortung hat der Mitarbeiter?
- Was sind Stärken und Schwächen, wie sieht das Leistungsergebnis aus?
- Wie läuft die Zusammenarbeit zwischen Mitarbeiter und Vorgesetztem?
- Wie ist die berufliche Selbsteinschätzung des Mitarbeiters?
- Was sind seine Berufsziele?
- Suchen Sie gemeinsam nach Wegen und entsprechenden Möglichkeiten?

3.9 Die Zielvereinbarung

Zielvereinbarung: Nutzen für den Mitarbeiter

- Der Mitarbeiter erfährt die langfristigen Unternehmens- und Abteilungsziele
- Der Mitarbeiter kann sich durch gemeinsame Ziele leichter orientieren
- Er bekommt eigenverantwortlich auszufüllende Freiräume
- Er erhält eine regelmäßige Standortbestimmung
- Er profitiert von der verbesserten Kommunikation und Zusammenarbeit mit der Führungskraft
- Dieses Instrument kann auch zur allgemeinen Verbesserung des Arbeitsklimas beitragen
- Der Mitarbeiter hat eine gezielte Planung der eigenen beruflichen Entwicklung

Zielvereinbarungsgespräch: Nutzen für die Führungskraft

- Sie steigern die Effektivität und Effizienz der Organisationseinheit
- Sie können sich auf die Führungsaufgaben konzentrieren durch Umsetzung des Delegationsprinzips
- Sie profitieren von einer verbesserten Kommunikation
- Die Mitarbeitermotivation wird erhöht
- Verbesserung des Arbeitsklimas in der Organisationseinheit

Die Zielvereinbarung

Übersicht: Das Zielvereinbarungsgespräch

1. Vorbereitung

- Reflexion des letzten Jahres
- Festlegen der eigenen Ziele
- Strategien zur Hilfestellung
- Einbeziehung aller Betroffenen

2. Begrüßung

- Angenehme Atmosphäre
- Störungen ausschließen

3. Orientierung

- Mitarbeiter formuliert seine Ziele und den Weg

4. Rückblick auf die Vorjahresergebnisse

- Der Mitarbeiter berichtet über die Erfahrungen und Ergebnisse des letzten Jahres
- Die Führungskraft berichtet über ihre Sicht der Geschehnisse

5. Leitziele festlegen

- Die Führungskraft legt die Leitziele des Unternehmens dar und bespricht diese mit dem Mitarbeiter

6. Kernaufgaben auflisten

- Die Führungskraft gewinnt einen Überblick über das gesamte Aufgabenspektrum
- Arbeiten Sie gemeinsam Prioritäten heraus
- Wichtig: Gemeinsamer Rückblick und Reflektion der Erfahrungen
- Besprechen Sie, ob die Ziele ausreichend sind
- Klären Sie die einzelnen Prozesse
- Definieren Sie die Ziele
- Definieren Sie gemeinsam den Weg zu Ziel

7. Protokollieren

- Fixieren Sie die Zielvereinbarung schriftlich
- Führungskraft und Mitarbeiter unterschreiben, damit das Ganze verbindlich wird

> **Tipp:**
> Informieren Sie den Mitarbeiter rechtzeitig (ca. 2-4 Wochen), damit er ausreichend Zeit hat, seine eigenen Ziele zu formulieren.

Checkliste: Hinweise für die Zielvereinbarung

- ✓ Schließen Sie eine Vereinbarung, die in Form, Umfang und Zeit verbindlich ist.
- ✓ Überprüfen Sie: wurde die Vereinbarung für beide Seiten verbindlich festgelegt?
- ✓ Haben Sie einen Überprüfungszeitraum besprochen und festgelegt?
- ✓ Machen Sie sich Gedanken: Wie haben Sie den Mitarbeiter motiviert?
- ✓ Vergessen Sie bitte nicht: berücksichtigen Sie Handlungsspielräume
- ✓ Legen Sie Merkmale für die Beobachtung fest

Die Zielvereinbarung zählt heute zu den besten Führungsmitteln, sie liefert neben klaren Anweisungen Transparenz über das Tun der Mitarbeiter und das gesamte Geschehen in Ihrer Abteilung. Der Nachteil, sie ist zeitaufwändig und erfordert eine gründliche Vorbereitung. Sensibilisieren Sie sich auf Fehler, die Ihnen vielleicht in der Hektik des Alltags unterlaufen können.

Checkliste: Zielvereinbarungsgespräch: Typische Fehler

- ✓ Sie leiten die Ziele nicht aus der Unternehmensstrategie ab
- ✓ Sie beteiligen Ihre Mitarbeiter nicht an der Zielvereinbarung, sondern legen ihnen Ihre vorgefertigten vor
- ✓ Sie erarbeiten keine Ziele, Sie verteilen nur Aufgaben
- ✓ Sie machen keine Ergebniskontrolle; Ziel(nicht)-Erreichung hat keine Folgen

4 Informationsmanagement

Checkliste: Informationen bewerten

Informationsgehalt	JA	NEIN
Ist die Information eilig?		
Ist die Information wichtig?		
Wie aktuell ist die Information?		
Bestehen Widersprüche?		
Ist die Information präzise?		
Muss die Information aufbereitet werden?		
Ist die Information vollständig?		
Eignet sich die Information für den Empfänger?		
Informationsbewertung		
Habe ich die Information verstanden?		
Was soll mit der Information bezweckt werden?		
Ist das Ziel der Information klar?		
Wird das Ziel der Information erreicht?		
Muss die Information ergänzt werden?		
Muss die Information bearbeitet werden?		
Muss die Information geändert werden?		
Wird die Wirkung der Information erreicht?		
Ist die Botschaft für den Empfänger klar?		
Wie sollen die Informationen weiter gegeben werden?		

Diese Checkliste können Sie unter http://www.gabler.de/Privatkunden/OnlinePLUS.html herunterladen, speichern und bearbeiten.

Nutzen Sie die W-Fragen

- Welche Informationen werden wann benötigt?
- Woher werden die Informationen kommen?
- Welche Abteilungen oder Mitarbeiter sind an der Info-Weitergabe beteiligt?
- Zeitplan: Wann müssen Sie nachfragen?
- Wie lange werden die Beteiligten für die Infos brauchen?
- Wann müssen Sie sich mit der Bitte um Informationen an die Beteiligten wenden?
- Was könnte schiefgehen?
- Welche Ursache für Verzögerung ist am wahrscheinlichsten?
- Was können Sie tun, um Verzögerungen zu verhindern?
- Gibt es Alternativen für die benötigten Informationen?

Übersicht: Informationsmanagement - Basics

Teilprobleme der Information
– Informationsbeschaffung
– Informationsauswertung
– Informationsverbreitung

Störfelder erkennen
– Informationsschwemme
– Informationsdefizit
– Zuviel Bekanntes
– Zuviel Neues
– Falsche Sprachebene
– Einseitig
– Unbeabsichtigte Wirkung

Informieren aber wie?

- Fakten von Kommentar trennen
- Quellen angeben
- Sprache anpassen
- An Vertrautes anknüpfen
- Klar und verständlich
- Bildhaft
- Zur richtigen Zeit

Wichtig beim Informieren

- Wahrheit
- Transparenz
- Verständlichkeit
- Dosierung

Übersicht: Informieren nach dem A-B-C-Prinzip

A	Dringend	Vordringlich erledigen. Diese Vorgänge/Informationen/Arbeiten bringen dem Unternehmen Geld bzw. Aufträge, beeinflussen das Image (z.B. Reklamationsbearbeitung).
B	Wichtig	**Normal behandeln.** Diese Informationen sollten weitergeleitet werden, denn sie bringen Sie Ihrem Ziel näher und helfen, damit andere weiterarbeiten können (z.B. Terminsachen).
C	Hat Zeit	**Eventuell weitergeben.** Prüfen Sie, was passiert, wenn nichts passiert, (z.B. mit nicht angeforderten Angeboten, Werbesendungen etc.)

Tipp:

Legen Sie nach diesem Prinzip für Ihren Chef eine Post- oder Informationsmappe an. Auch bei Outlook könnten Sie mit solchen Ordnern arbeiten, wenn es Ihnen und Ihrem Chef weiterhilft.

5 Kommunikation am Telefon

Der Weg vieler potenzieller und Bestandskunden, Geschäftspartner und Dienstleister zu Ihnen und Ihrem Produkt führt übers Telefon. Darum ist es wichtig, einen guten Eindruck am Telefon zu hinterlassen. Ziel eines Telefonates ist es einerseits, den Partner gut zu verstehen und andererseits strategisch optimal zu reagieren. Der Erfolg im Umgang mit Menschen beruht daher nicht zuletzt auf dem Verständnis für den Standpunkt des anderen.

5.1 Allgemeine Telefonregeln

Checkliste: Telefonieren - Basics

- ✓ Trainieren Sie Ihre Stimme.
- ✓ Ausschlaggebend: Wie Sie es sagen – der Ton macht die Musik.
- ✓ Sprechen Sie deutlich.
- ✓ Seien Sie freundlich und höflich.
- ✓ Lassen Sie Ihren Gesprächspartner ausreden.
- ✓ Und so hört sich eine positive Meldung an: Guten Tag, Ursula Müller, Unternehmensberatung Training und Seminare.
- ✓ Notieren Sie den Vor- und Zunamen Ihres Gesprächspartners.
- ✓ Sprechen Sie ihn mit seinem Namen an.
- ✓ Wiederholen Sie das Anliegen Ihres Gesprächspartners.
- ✓ Verwenden Sie kurze Sätze.
- ✓ Machen Sie Pausen.
- ✓ Machen Sie sich Notizen.
- ✓ Sprechen Sie die Sprache Ihrer Partner.
- ✓ Lächeln Sie.
- ✓ Hören Sie aktiv zu.
- ✓ Machen Sie präzise Aussagen.
- ✓ Setzen Sie Ihre Körpersprache ein.
- ✓ Vermeiden Sie Fachchinesisch.
- ✓ Verwenden Sie keine Verneinungen.
- ✓ Setzen Sie eine bildhafte Sprache ein.

5.2 Kundenorientierung am Telefon

> Tipp:
>
> Machen Sie sich zum Ziel, dass ab heute jeder Mensch, mit dem Sie telefonieren, von dem Gespräch mit Ihnen einen kleinen Gewinn haben soll.

Checkliste: Systematisches Telefonieren I

Sie nehmen mit Person XY Kontakt auf; Sie sind Anrufer.	
Vorbereitung des Gesprächs:	✓ Telefonnummer; ✓ Anschrift; ✓ Name des Gesprächspartners; ✓ Günstigste Zeit für den Anruf; ✓ Ziel setzen; ✓ Sind zusätzliche Informationen vorhanden?
Körper/Hörerhaltung:	✓ Mit welcher Hand können Sie am besten telefonieren? ✓ Atmung kontrollieren.
Auf den Einstieg kommt es an:	✓ Gruß, ✓ Deutliche Meldung am Telefon! ✓ Partner freundlich mit Namen ansprechen (Name notieren); ✓ Prüfen, ob Sie mit dem richtigen Partner verbunden sind!
Der erste Satz:	✓ Bezug nehmen, zum Beispiel auf Anschreiben, Anzeige, persönlichen Kontakt.
Ziel ansteuern:	✓ Konkreter Vorschlag, zum Beispiel Bearbeitung der beanstandeten Vorgänge.
Telefonat richtig beenden:	✓ Vereinbarung treffen (Termin o.Ä.). ✓ Vereinbarung zusammenfassend wiederholen! ✓ Dank! ✓ Verabschieden!
Was ist zu tun?	✓ Adressen-Stammblatt ausfüllen! ✓ Auf Wiedervorlage legen! ✓ Eventuell das Telefonat schriftlich bestätigen.

Checkliste: Systematisches Telefonieren II

Person XY nimmt mit Ihnen Kontakt auf; Sie sind der/die Angerufene.	
Vorbereitung des Gesprächs:	✓ Körper kurz anspannen und dann lockern ✓ Gleichmäßige Atmung herstellen ✓ Telefon maximal dreimal läuten lassen!
Haltung:	✓ Halten Sie den Hörer locker in einer Hand
Richtig beginnen:	✓ Firmennamen nennen ✓ Gruß ✓ Name des Anrufers notieren ✓ Anrufer mit Namen ansprechen ✓ Herr/Frau X, was kann ich für Sie tun?
Gespräch steuern:	✓ Lassen Sie dem Anrufer Zeit, sein Anliegen vorzubringen ✓ Streuen Sie Kontrollfragen ein, um den Sachinhalt zu überprüfen ✓ Sprechen Sie deutlich und betont ✓ Beweisen Sie Interesse! ✓ Bauen Sie gesprächsfördernde Elemente ein
Verabschiedung:	✓ Verabschieden Sie sich freundlich! ✓ Seien Sie taktvoll

Checkliste: Die dreigeteilte Telefonnotiz

Vor dem Gespräch:	Während:	Nach dem Gespräch:
✓ Was will ich erreichen? ✓ Wen will ich anrufen? ✓ Wann will ich anrufen? ✓ Welche Unterlagen benötige ich/benötigt mein Partner? ✓ Wie kann ich meinen Partner motivieren? ✓ Wie kann ich argumentieren? ✓ Welche Einwände habe ich zu erwarten? ✓ Wie kann ich sie vorher entkräften? ✓ Welche Kompromisse oder Zugeständnisse kann ich machen?	✓ Zuhören ✓ Aktives Zuhören („nachhaken") ✓ Notieren ✓ Sprechen (Am Telefon „lächeln")	✓ Was habe ich erreicht? ✓ Was ist zu veranlassen? Von wem? Warum? Wo? Wann? ✓ Wo lagen meine Schwachstellen?

Killer-Phrasen

- „Nun passen Sie mal auf …"
- „Ich sagte Ihnen doch schon …"
- „Sie haben mich nicht richtig verstanden …"
- „Wie war doch gleich Ihr Name …"
- „Da irren Sie sich …"
- „Wie ich Ihnen gerade ausführlich erklärte …"
- „Wenn Sie ehrlich sind …"
- „Jeder vernünftige Mensch weiß ja …"
- „Sie haben mir nicht richtig zugehört …"
- „Das kann gar nicht sein …"
- „Diese Reklamation haben wir noch nie gehabt …"
- „Das geht bei uns leider nicht …"
- „So etwas habe ich noch nie gehört …"

Übersicht: Wirkungsvolle Wortwahl

Begrüßen Sie Ihren Partner freundlich und verständlich.

Der erste Eindruck ist der entscheidende, und dazu gehört auch die Begrüßung, zum Beispiel:
— Wenn Sie selbst anrufen: „Guten Tag, mein Name ist Ulla Müller von der Unternehmensberatung xy aus Düsseldorf."
— Wenn Sie angerufen werden: „Guten Tag, Müller Unternehmensberatung, mein Name ist Ulla Müller."

Versetzen Sie sich in die Lage des anderen!

Sehen Sie die Welt nicht nur aus Ihrem Blickwinkel, sondern auch aus der Ihres Gesprächspartners, so können Sie ihn besser verstehen, was ihn bewegt und auch was er fühlt.
Hören Sie „zwischen den Zeilen", bemühen Sie sich, auch die indirekten Botschaften Ihres Gesprächspartners zu hören, zum Beispiel
— „Das hört sich ja ganz interessant an ..., haben Sie noch Bedenken, sollen wir noch über die Sache reden?"

Positiv formulieren: Vermeiden Sie, wenn es möglich ist, die starken Negativwörter „nein", „nicht", „nie".

Beispiele:
— So nicht: „Frau Schneider ist nicht da."
 Besser: „Frau Schneider ist ab heute Nachmittag 15.00 Uhr wieder zu erreichen."
— So nicht: „Am Arbeitsplatz nicht rauchen."
 Besser: „Rauchen bitte in den Pausenräumen."
— So nicht: „Wir können nicht innerhalb 12 Stunden liefern."
 Besser: „Sie erhalten die Ware innerhalb von zwei Tagen."
— So nicht: „Da müsste ich mich mal schlau machen."
 Besser: „Das weiß ich nicht, aber ich erkundige mich."
— So nicht: „Wir können nicht innerhalb von 12 Stunden liefern."
 Besser: „Sie erhalten die Ware innerhalb von 2 Tagen."

5.3 Schwierige Anrufer

Vielredner

Merkmal:	Er kommt vom Hölzchen aufs Stöckchen und weicht immer wieder vom Thema ab. Er kann nicht zuhören, unterbricht, hört sich offensichtlich selbst gerne reden. Er lässt Sie nicht zu Wort kommen und hält nur Monologe
So nicht:	— sich durchsetzen wollen, nach dem Motto „Jetzt bin ich mal dran." — selbst versuchen, noch längere Monologe zu halten. — versuchen, vom Thema abzuweichen. — dem Partner auch noch aktiv zuhören.
Besser:	— Sie sprechen ihn zwischendurch mit Namen an, er wird dann kurz innehalten, und Sie haben die Möglichkeit, dann selbst weiter zu reden. — Sie hören nicht unbedingt aktiv zu (nur selektiv), ihm keine Verstärker geben, das ganze Thema zusammenfassen und auf den entscheidenden Kernpunkt eingehen. — Sie finden ein gemeinsames Ziel.

Ausfallende Gesprächspartner

Merkmal:	Es kann dabei passieren, dass er unsachlich und emotionell ist, laut wird, vielleicht sogar brüllt, zynisch ist, bis hin zum Sarkasmus oder mit persönlichen Angriffen reagiert.
So nicht:	— sich den Schuh selbst anziehen und auch entsprechend scharf reagieren. Bedenken Sie, dass der Gesprächspartner oft gar nicht Sie persönlich meint, sondern sich nur einer Verärgerung Luft macht. — noch ironischer reagieren. — Ihren Gesprächspartner gleich in eine Schublade stecken. — sich alles gefallen lassen und runterschlucken (damit leidet Ihr Selbstwertgefühl, und Sie blockieren sich selbst).
Besser:	— Sie hören genau hin, somit bekommen Sie die Information, was die wirkliche Ursache für seine Aggression ist. — Sie spiegeln sein Verhalten wider ("Sie sind ja unheimlich wütend, da muss Sie ja wirklich etwas verärgert haben!"). — Sie distanzieren sich innerlich von Aggressionen. — Sie zeigen ihm Verständnis. — Sie zeigen ihm, wie betroffen und verletzt Sie sind („Frau ..., das macht mich aber wirklich betroffen, was Sie mir soeben berichtet haben!").

Schweigende Gesprächspartner	
Merkmal:	Er beantwortet Fragen nur sehr sparsam, nur mit ja oder nein, lässt ausschließlich den anderen reden, stellt auch keine Fragen, gibt keine Kommentare. Er ist so gut wie nicht aktiv und macht lange Pausen.
So nicht:	− nicht wissen, warum sich Ihr Gesprächspartner so verhält, wir werden unsicher. − Es kann passieren, dass wir in dem Moment „durchreden". Damit reden wir aber unseren Gesprächspartner tot, und er hat nun keinerlei Chance mehr, doch noch mit uns in ein Gespräch zu kommen. Wir reagieren aggressiv, weil wir glauben, dass der Gesprächspartner uns ablehnt und stellen in diesen Situationen auch keine Fragen mehr.
Besser:	− Sie stellen möglichst viele offene Fragen, um damit Informationen zu erhalten (z. B. „Welche anderen Vorschläge haben Sie? Was haben Sie bisher getan?") − Sie hören ihm aktiv zu, wenn er endlich etwas sagt, denn damit signalisieren Sie, dass es wichtig ist, was er sagt. − Sie haben keine Angst vor der Stille, vielleicht braucht Ihr Partner etwas länger Zeit zum Überlegen. − Wenn Sie überhaupt nicht wissen, was Sie mit Ihrem Telefonpartner anfangen sollen, fragen Sie ihn: „Sie sind so kurz angebunden, haben Sie keine Zeit oder ist irgend etwas?"

5.4 Beschwerdemanagement

Gründe für Reklamationen

- Der Kunde hat das Versprochene nicht erhalten.
- Ein Mitarbeiter ist dem Kunden gegenüber unhöflich gewesen.
- Der Kunde hat das Gefühl, dass er Ihrer Firma gleichgültig ist.
- Der Anrufer hat das Gefühl, dass ihm niemand zuhört.
- Ein Mitarbeiter hat eine „Geht-nicht"-Einstellung vermittelt.

Fehler bei der Reaktion auf Beschwerden

Häufige Probleme im Umgang mit Reklamationen:

- Häufig werden Sie bei Reklamationen „kalt" erwischt und wissen im ersten Moment auch nicht, ob die Reklamation berechtigt ist oder nicht.
- Meist sind die Anrufer sehr verärgert und unsachlich, das erschwert es, ein sachliches Gespräch zu führen.

- Sie dienen erst einmal als Blitzableiter, werden für Fehler angegriffen, die Sie nicht selbst verursacht haben; der Anrufer meint selten Sie persönlich. Aber irgendwann platzt Ihnen der Kragen, der Streit ist perfekt, trotzdem sollen Sie sich bemühen, den Kunden nicht zu vergraulen.
- Wenn der Fehler eindeutig bei Ihnen lag, dann sind Sie auf die Gesprächs- und Kompromissbereitschaft des Gesprächspartners angewiesen.

Diese Fehler sollten Sie vermeiden:

- Die Reklamation anzweifeln. Sie unterstellen damit dem Gesprächspartner, dass er die Unwahrheit sagt.
- Nicht auf den Gesprächspartner reagieren. Wenn dieser wirklich verärgert ist, sollten Sie erst einmal auf ihn eingehen.
- Einfach nur sagen: „Tut mir leid, da kann ich jetzt auch nichts machen." (Das ist kein echter Kundenservice!)
- Dem Gesprächspartner erst einmal die Schuld zuschieben. („Sie haben da sicherlich einen Fehler gemacht, denn bei uns funktionierte das alles einwandfrei.")
- Versuchen, den Gesprächspartner zu beruhigen. „Nun regen Sie sich mal nicht so auf." Dies bringt größtenteils nichts, es verärgert den Partner nur noch mehr.
- Keine Entschuldigung abgeben, auch wenn der Fehler offensichtlich von Ihnen/Ihrer Firma verursacht wurde.

Checkliste:	Korrekte Reklamationsbearbeitung
✓ Verständnis zeigen	Starke negative Gefühle können nicht durch einmaliges Verständnis abgebaut werden. Sie müssen so lange Verständnis zeigen, bis die negativen Emotionen abgeklungen sind und Sie zu einer sachlichen Klärung übergehen können.
✓ Verpflichtende Zielsetzung	Reklamationsgespräche laufen häufig zunächst sehr negativ ab. Wenn wir unseren Gesprächspartner aber so weit bekommen, dass wir uns auf ein konstruktives Ziel einigen, können wir einen Schlussstrich unter den negativen Teil setzen. Beispiel: „Frau Schneider, wir werden das irgendwie hinbekommen, aber prinzipiell, sind Sie mit mir einer Meinung, dass wir hier gemeinsam an der Lösung arbeiten sollten?"
✓ Zu den Fakten	Dies ist die Einleitung für den sachlichen Teil des Gespräches, wir signalisieren unserem Gesprächspartner damit, dass wir uns den Fakten zuwenden wollen.

Beschwerdemanagement

✓ Aktivierungsfragen	Fragen Sie Ihren Gesprächspartner, was wir für ihn tun können. Vielleicht hat er Vorschläge.
✓ Bekräftigung	Geht Ihr Reklamationsgespräch positiv aus, dann ist es wichtig, dass Sie Kooperation und Verständnis gegenüber Ihrem Partner zeigen. Beispiel: „Ich bin froh, dass wir das nun erledigt haben, und ich bedanke mich für Ihre Kooperation und Ihr Entgegenkommen."
✓ Paradoxe Reaktion	Dies bedeutet, dass wir genau umgekehrt reagieren, wie es unser Gesprächspartner erwartet. Statt auf die massiven Vorwürfe aggressiv zu reagieren, fordern wir ihn auf, sich ruhig alles einmal von der Seele zu reden. Beispiel: „Herr Schneider, ich finde es sehr gut, dass Sie offen sagen, was Sie an unserer Zusammenarbeit stört." Wenn Sie die paradoxe Reaktion geschickt formulieren, ist sie eine der wirkungsvollsten Lenkungsinstrumente im Gespräch. Wenn Ihnen also jemand Vorwürfe macht, dann bedanken Sie sich für die konkreten Kritikpunkte. Macht Ihnen jemand versteckt Vorwürfe, bedanken Sie sich für seine Offenheit. Als Folge davon wird unser Gesprächspartner sein Verhalten unmerklich ändern, er wird zum Beispiel endlich konkret. Wichtig ist aber, dass Sie dabei unbedingt auf Ihren Tonfall achten. Wenn Ihre Stimme Ironie signalisiert, geht der Schuss nach hinten los, und der Gesprächspartner fühlt sich nicht für voll genommen.
✓ Versuchsballon	Dies bedeutet, dass wir testen, welche Möglichkeiten der Problemlösungen der andere akzeptieren kann. Damit schaffen wir auch Verhandlungselemente. Beispiel: „Nehmen wir einmal an, Frau Müller, ich schaffe es, Ihnen diesen Monat noch einen Termin für eine Bewerberberatung anzubieten, dies könnte dann auch ein Samstag oder Sonntag sein. Wäre das eine Möglichkeit?"
✓ Hilfe anbieten	„Leistung" zeigen, aber auch die Vorschläge des Partners dabei erfragen.

6 Messen und Ausstellungen

Die Teilnahme an Messen und Ausstellungen bietet eine exzellente Möglichkeit, das eigene Angebot zu präsentieren. In Bezug auf den persönlichen Kontakt zu Kunden und Interessenten, aber auch zur eigenen Vertriebsmannschaft, hat eine Messe absolute Alleinstellung. Für den Messebesucher und potenziellen Kunden stehen nahezu alle Wettbewerber im direkten Vergleich.

Maßgeblich für den Erfolg oder Misserfolg einer Messe sind die Mitarbeiter vor Ort beziehungsweise das Standteam. Wie ein perfekter Auftritt und ein optimaler Umgang mit Besuchern aussieht, erfahren Sie im folgenden Kapitel.

6.1 Vor der Messe

6.1.1 Messeziele definieren

Übersicht: Ihre Ziele

Ziele:	Ihre Ziele (in Schlagworten)
des Unternehmens für die Messe:	– –
der Mitarbeiter:	– –
der Besucher:	– –

Diese Übersicht können Sie unter http://www.springer.com auf der Seite zum Buch unter „Zusätzliche Informationen" herunterladen, speichern und bearbeiten.

Übersicht: Mögliche Ziele auf einer Messe

Ziele:		Ziel für uns:
Absatzziele (Unternehmensziele)	– Produkte einführen und präsentieren – Kontakte knüpfen und festigen – Kunden gewinnen und binden – Verkaufen – Kommunikation mit dem Kunden verbessern	
Beschaffungsziele	– Wettbewerb beobachten nach Produkten, Preisen, Auftritt – Kundeninfos einholen – Austausch über Kundenwünsche herstellen	
Persönliche Ziele	– Marktstellung des Unternehmens bestimmen – Informationen über den Wettbewerb einholen – Ideen und Anregungen für die eigene Arbeit erhalten – Informelle Kontakte pflegen – Persönliche Wirkung überprüfen – Neue Verhaltensweisen ausprobieren – Mehr Sicherheit im Kundenkontakt gewinnen – Alle Chancen für sich selbst nutzen	
Besucherziele	– Die Besucher wollen in kürzester Zeit einen Überblick über den Markt erhalten – Für den Besucher muss der Messetag zu einem Erlebnis werden. Er muss sich an Sie erinnern können – Ansprechende Einladung gestalten – Marktüberblick auch benachbarte Fachbereiche verschaffen – Konjunkturelle Situationen und Perspektiven abschätzen – Preise und Konditionen vergleichen – Suche nach bestimmten Produkten – Neue Produkte und Anwendungsmöglichkeiten sehen	

Ziele:		Ziel für uns:
	— Grenzen erkennen — Orientierung über technische Funktion und Beschaffenheit bestimmter Produkte oder Anlagen — Informationen über Lösungen zu anstehenden Problemen — Persönliche Weiterbildung — Anregungen für die eigenen Produkt- und Sortimentsgestaltung — Geschäftskontakte ausbauen beziehungsweise knüpfen	
Übergeordnete Beteiligungsziele	— Kennenlernen neuer Märkte (Marktnischen entdecken) — Überprüfung der Konkurrenzfähigkeit — Erkundung von Exportchancen — Orientierung über Branchensituation — Austausch von Erfahrung — Anbahnung von Kooperationen — Beteiligung an Fachveranstaltungen — Erkennen von Entwicklungstrends — Neue Märkte für das Unternehmen — Für das Produkt interessieren — Kopplung einer Messebeteiligung mit ergänzenden Maßnahmen (Aktionen, Seminare, Betriebsbesichtigungen — Kennenlernen der Wettbewerber (welcher Konkurrent stellt auf welcher Messe aus) — Steigerung des Absatzes	
Kommunikationsziele	— Ausbau persönlicher Kontakte — Kennen lernen neuer Abnehmergruppen — Steigerung des Bekanntheitsgrades des Unternehmens — Steigerung der Werbewirkung des Unternehmens gegenüber Kunden und Dringlichkeit	

Ziele:		Ziel für uns:
	– Vervollständigung der Abnehmerkartei – Ausbau der Pressearbeit – Diskussion mit Abnehmern oder über Wünsche und Ansprüche – Pflege der bestehenden Geschäftsbeziehungen (Kontaktpflege) – Sammlung neuer Marktinformationen – Umsetzung der Corporate Design Konzeption – Weiterbildung für Forschung und Vertrieb durch Erfahrungsaustausch	
Preiskonditionsziele	– Auftreten am Markt mit überzeugenden Serviceleistungen – Auslotung von Preisspielräumen	
Distributionsziele	– Ausbau des Vertriebsnetzes – Abschätzung der Ausschaltung einer Handelsstufe – Vertretersuche	
Produktionsziele	– Akzeptanz des Sortiments am Markt testen – Vorstellung von Prototypen – Neuplatzierung eines Produktes am Markt testen – Vorstellung von Produktinnovationen – Ausweitung des Sortiments	

Diese Übersicht können Sie unter http://www.springer.com auf der Seite zum Buch unter „Zusätzliche Informationen" herunterladen, speichern und bearbeiten.

6.1.2 Ansprechende Einladungen gestalten

Die häufigsten Fehler

- fehlende persönliche Ansprache von Entscheidern in Großbetrieben
- hohe Streuverluste durch nicht optimale Zielgruppenauswahl
- falsche, unvollständige Adressierung und Dubletten durch mangelhafte Adresserfassung
- nichtssagender Betreff, unspezifische Anrede oder langweiliger Text

- billiges Papier, nachlässige Aufmachung oder sichtbare Korrekturen
- zu viele Hervorhebungen
- fehlendes oder reaktionsverhinderndes Antwort-/Reaktions-Medium
- keine Nutzen-/Vorteilsargumente
- ineffiziente technische Verarbeitung der Mailings
- unvollständige Nachbearbeitung

Checkliste: Erfolgreiche Einladungen für Ihren Messeauftritt

Entscheideransprache:	✓ Namen einer Kontaktperson ✓ Appellieren Sie an das Selbstwertgefühl des Empfängers ✓ Sprechen Sie Ihren Empfänger richtig an ✓ Geben Sie Ihren Zielpersonen genaue Auskunft über Daten und Termine
Zielgruppenauswahl:	✓ Das Wichtigste: Versprechen Sie einen Nutzen. ✓ Nutzenargumente im Brieftext! ✓ Geben Sie gründliche umfassende Informationen.
Stil:	✓ zielgruppenadäquates Sprachniveau
AIDA-Formel einsetzen:	✓ Attention (A): Aufmerksamkeit Interest (I): Interesse Desire (D): Begierde, Besitzwunsch Action (A): Handlung, Besuch, Kauf ✓ Der Adressat muss Ihre Einladung zunächst einmal zur Kenntnis nehmen.

6.2 Budgetplanung und Kalkulation der Kosten

Übersicht: Planung der Kosten (Vorkalkulation)

Posten:	Vorkalkulation (Euro):
Aktivitäten auf dem Stand	
Art des Standes	
Standgestaltung	
Personalbesetzung	
Besucherwerbung (vor der Messe)	
Pressearbeit	
Besucheransprache (während der Messe)	
Bewirtung am Stand	
Transporte (zur Messe und zurück)	
Auf- und Abbau	
Standunterhaltung	
Pressemappe	
Reserve	
Standmiete ... Euro/qm	
Ausstellungsstücke (Modelle, Extraanfertigungen, Abnutzung)	
Standbewachung	
Versicherung	
Barauslagen am Stand	
Standhilfen	

Budgetplanung und Kalkulation der Kosten

Posten:	Vorkalkulation (Euro):
Standreinigung	
Katalogeintragung, Kataloganzeige	
Bewirtungsgüter	
Pressemappen	

Diese Übersicht können Sie unter http://www.springer.com auf der Seite zum Buch unter „Zusätzliche Informationen" herunterladen, speichern und bearbeiten.

> **Tipp:**
> Circa 20 Prozent Ihres gesamten Messeetats sollten Sie für den Messebau und die Standplanung veranschlagen. Bei transportaufwändigen oder langwierigen vor Ort zu montierenden Ausstellungsgütern sogar mehr.

Übersicht: Budgetplanung

Stand + Logistik:	Kosten (Euro):
Standflächenmiete	
Strom, Wasseranschluss, Telefon, Versicherung, Erfrischungsgetränke, Katalogeintrag	
Personal, ohne Gehaltskosten zuzüglich der Reisekosten, Hostess	
Plakate am Ausstellungseingang, Werbetafeln auf Autos am Parkplatz, Streuartikel	
Mietstand (… Euro/qm)	
Reserve	
Eintrittskarten, Gutscheine	
Parkkosten	
Gabelstapler (falls erforderlich)	
Lagerung von Leergut bei Messespediteur während der Ausstellung	

Eventuell spezielle Kleidung für das Standpersonal	
Entwurf und Montage einschließlich Einholung der Plangenehmigung beim Veranstalter	
Preise für Standardteile	
Grafik, Spezialteile wie Halterungen für Exponate, extra bearbeitete Podeste	
Verpackungsmaterial	
Speditionskosten	
Ausstattung:	**Kosten (Euro):**
Küche mit Kühlschrank, Kochgelegenheit, Spüle, Geschirr	
Büro mit Telefon und Fax (plus Anschlusskosten), Notebook, Büromaterial	
Beamer, Flatscreen, Diaprojektor, Leinwand, Mikrofon, Verstärker, Lautsprecher	
Vorführmodelle, Schautafeln, Großfotos, Schilder, besondere Schrifttafeln und Standschmuck	
Anschluss des Standes an Strom, Wasser, möglicherweise an Gas und Druckluft	
Reinigung und Bewachung des Standes	
PR + Marketing:	**Kosten (Euro):**
Anzeigen	
Mailings und Einladungen. Sorgen Sie für genügend Freikarten	
Besondere Highlights an Ihrem Stand wie beispielsweise Vorträge etc.	
Gästebewirtung vor Ort	
Warenproben, Dias, Firmenvideos, aktuelle Werbebroschüren	
Neue Pressemappen	

Standpersonal:	Kosten (Euro):
Fahrt, Unterbringung und Verpflegung	
Zusätzliche Reise-Tagessätze und Spesen	
Messeoutfit	
Zusätzliches Fremdpersonal wie Monteure, Dolmetscher und Aushilfen	
Versicherungsbeiträge	

Diese Übersicht können Sie unter http://www.springer.com auf der Seite zum Buch unter „Zusätzliche Informationen" herunterladen, speichern und bearbeiten.

6.3 Rund um den Messestand

Übersicht:	Konzeption
Ziele:	Für viele Aussteller ist der Verkauf das wichtigste Messeziel. Dabei bieten sich Ihnen hier viele weitere Möglichkeiten: Imagepflege und Öffentlichkeitsarbeit, Markt- und Konkurrenzbeobachtung, Kundenkontakte, Akquisition von Vertriebspartnern.
Gestaltung:	Erstellen Sie ein Schema, wie Ihr Stand aufgebaut wird. Ermitteln Sie den Flächenbedarf der Standelemente und kalkulieren sie die Kosten. Stimmt das Verhältnis? Dann haben Sie die ideale Standgröße. Eckstand oder Reihenstand? Das hängt davon ab, wie Sie sich dem Publikum präsentieren wollen.
Kosten:	Ob Regionalausstellung oder internationale Fachmesse, die Preise für eine Messebeteiligung differieren hier erheblich. Deshalb ist in der Planungsphase eine grobe Kostenkalkulation unbedingt notwendig. Während Sie bei einer Regionalausstellung mit wenigen 1.000 Euro gut zurecht kommen können, kann die Beteiligung eines mittelständischen Unternehmens an einer Spezialmesse die 50.000-Euro-Grenze schnell überschreiten.
Eigener Messestand:	Die Anschaffung eines Messestandes lohnt sich in der Regel dann, wenn Ihre Firma regelmäßig und mindestens dreimal pro Jahr auf Messen vertreten ist. Sonst kommt nur ein Mietstand in Frage.

Auf- und Abbau:	Prüfen Sie, ob es für Sie günstiger ist, eigene Handwerker beim Auf- und Abbau des Messestandes einzusetzen. Vom Kosten-Standpunkt her ist es besonders für mittelständische Unternehmen interessant, Eigen- und Fremdleistungen zu kombinieren.
Einrichtung:	Gibt es in Ihrem Betrieb Möbel, Vitrinen und Schautafeln, die Sie auf Ihrem Stand einsetzen können?

Übersicht: Standvarianten

Reihenstand:	Der Reihenstand ist ein einseitig nur nach einem Gang hin offener Stand, der neben weiteren Reihenständen steht (seltener offen zu zwei parallel verlaufenden Gängen). Bezogen auf die Maße der offenen Standfront unterscheidet man zwischen schmalen und tiefen beziehungsweise breiten und weniger tiefen Reihenständen.
Eckstand:	Der Eckstand liegt am Ende einer Reihe und ist nach zwei Seiten, dem Gang und dem Quergang, offen. Die Rückfront grenzt an die Rückfront eines anderen Eckstandes und die Seite an einen benachbarten Reihenstand. Ein Eckstand erzielt durch mehr Schauseiten bei gleicher Fläche eine größere Wirkung als ein Reihenstand. Da der Eckstand an zwei Gängen liegt, ist mit einer hohen Besucherfrequenz zu rechnen. Die Miete für einen Eckstand ist daher höher als die für einen Reihenstand.
Kopfstand:	Der Kopfstand am Ende einer Reihe ist nach drei Seiten offen. Bei richtiger Nutzung wirkt er repräsentativ und einladend wirkt.
Blockstand:	Der Blockstand (oder Inselstand) ist rundum von Besuchergängen umgeben und erreicht durch die Alleinstellung einen hohen Aufmerksamkeitswert. Insgesamt hat der Blockstand eine hohe werbliche Qualität und eignet sich gut zu Repräsentationszwecken. Der Blockstand ist anspruchsvoller in der Gestaltung, was sich auch in höheren Kosten für den Standbau und die Ausstattung niederschlägt.
Freigeländestand:	Ein Messestand im Freigelände wird für sehr große Produkte (zum Beispiel Naturwerkstein-Blöcke) gewählt oder für komplette Anlagen und Maschinen (Baumaschinen), die in praxisnahem Betrieb gezeigt werden. Im Freigelände muss der Aussteller für überdachte Besprechungsplätze sorgen.

Übersicht: Eigenbau oder Auftragsvergabe

Unterschiedliche Möglichkeiten zur Realisierung des Standbaus:

Der Messestand wird in Eigenleistung gefertigt:
- Vorteile: Planungskosten, eigene Handwerker können eingesetzt werden.
- Nachteile: Gestaltungsdefizite auf Grund mangelnder Erfahrung, Mitarbeiter fallen aus, schwer erfassbare Kosten, zusätzliche Lagerflächen für Standbauten.

Eine Messebaufirma wird als Generalunternehmer eingesetzt:
- Vorteile: Alles in einer Hand, Angebot meist kostenlos (Entwurfsarbeiten müssen jedoch honoriert werden), Mietmöglichkeiten, routinierte Erledigung und Full-Service.
- Nachteile: Meist systemgebunden, individuelle Mitgestaltung erschwert, bei kleineren Ständen Betreuung und Umsetzung von Besonderheiten begrenzt, Preiswürdigkeit nicht sofort transparent.

Ein Architekt und eine Messebaufirma werden gemeinsam beauftragt:
- Vorteile: Vom Architekten werden planerische Leistungen – ohne Rücksicht auf bestimmte Standbau-Systeme – erbracht, er hat Marktübersicht, übernimmt Koordinationsaufgaben und ist dem Auftraggeber verpflichtet.
- Nachteile: Die Vorplanungskosten sind zunächst höher, da in der Regel ein Architektenvertrag besteht; durch intensiven Dialog kann der Zeitaufwand für den Auftraggeber hoch sein.

Ein Architekt wird damit betraut, Handwerker per Ausschreibung zu suchen und einzusetzen:
- Vorteile: Beste Ergebnisse bei entsprechend anspruchsvollen Projekten, die Kostenentwicklung ist durch Ausschreibung sehr genau zu steuern, bei Auswahl qualifizierter Fachbetriebe beste Ausführung.
- Nachteil: In der Regel trotz Kostensteuerung teurer.

6.3.1 Präsentationen und Aktivitäten auf dem Messestand

Übersicht: Vorbereitung

Was ist zu tun?	Verantwortlich: Abteilung/Name	Termin für Erledigung	Bemerkungen, Kontrollzuständigkeit, Erledigungsvermerk

Diese Übersicht können Sie unter http://www.springer.com auf der Seite zum Buch unter „Zusätzliche Informationen" herunterladen, speichern und bearbeiten.

Fragen vor der Präsentation der Exponate

- Sind die Exponate optisch attraktiv (Design, Farbe, Verpackung)?
- Wie praxisnah werden die Exponate vorgeführt, wie viel Platz ist dafür erforderlich?
- Wie kann man den Anwendernutzen klar hervorheben?
- Können Farb- oder Lichteffekte die Wirkung der Präsentation betonen?
- Können die Exponate frei zugänglich präsentiert werden oder müssen sie geschützt werden?
- Welche Informationen sind erforderlich (Displays, Texttafeln)?
- Wie lassen sich Dienstleistungen präsentieren?

Übersicht: Besondere Elemente der Präsentationen

Elemente:	Für unsere Präsentation:
Standbeleuchtung (Besprechungs- und Nebenbereich)	
Objektbeleuchtung (Präsentationsbereich)	

Elemente:	Für unsere Präsentation:
Zusätzlicher Reiz: Effektbeleuchtung (zum Beispiel Lichtorgel)	
Überhöhter Gesamtaufbau (muss genehmigt werden)	
Überhöhte Elemente auf dem Dach: statisch oder dynamisch	
Beleuchtung statisch oder Farbspiel	
Besondere farbliche Gestaltung	
Einbeziehung von Kunstwerken (können geliehen werden)	
Filme, Tonbildschauen, Diaschauen	
Besondere Vorführungen	
Diskussionen	
Prominente Besucher	
Einsatz von Spiegeln	
Sich bewegende Exponate	
Laufschriften	
Autogrammstunden	
Lasershow	
Darstellung von Künstlern	
Versuchs- und Probiermöglichkeiten	
Schnellzeichner, Scherenschneider	
Musikalische Darbietungen	
Verlosung	

Diese Übersicht können Sie unter http://www.springer.com auf der Seite zum Buch unter „Zusätzliche Informationen" herunterladen, speichern und bearbeiten.

6.3.2 Bewirtung und Catering

Tipp:

Schenken Sie diesem Punkt besondere Beachtung. Bei größeren Ständen (ab circa 60 qm) sollten Sie eine Küchennische einbauen. Nehmen Sie die folgende Checkliste zu Hilfe, wenn Sie sich darüber Gedanken machen, wie Sie Ihre Besucher bewirten wollen.

Checkliste:	Bewirtung am Stand	
		✓ Vorhanden:
Getränke:	Kaffee	
	Tee	
	Fruchtsäfte	
	Sprudel	
	Tafelwasser	
	Wein und Sekt	
	Bier	
	Mixgetränke – auch antialkoholische	
Essen:	diverse Suppen	
	Würstchen	
	Belegte Brote und Brötchen	
	Salzgebäck	
	Süßes Gebäck	
	Nüsse	

	Schokolade (Vorsicht, schmilzt gerne bei den Temperaturen auf der Messe)	
	Verschiedene größere Gerichte	
	Fingerfood	

Diese Checkliste können Sie unter http://www.gabler.de/Privatkunden/OnlinePLUS.html herunterladen, speichern und bearbeiten.

Checkliste: Ausrüstung zur Besucherbewirtung

Messeausrüstung von A-Z:	✓ Vorhanden:
Abfalleimer	
Abwaschbecken	
Abwaschbürsten	
Aschenbecher	
Aufwischlappen	
Dessertteller	
Dosenöffner	
Eisbehälter	
Elektrische Kochplatte	
Flaschenöffner	
Flaschenverschlüsse	
Gabeln	
Geschirrschrank	
Geschirrtücher	

Messeausrüstung von A-Z:	✓ Vorhanden:
Gläser (je nach Getränken)	
Handfeger	
Handschaufel	
Handseife	
Handtücher	
Kaffeefilter	
Kaffeekanne/Filter/Filterpapier	
Kaffeemaschine	
Kaffeetassen	
Korkenzieher	
Kühlschrank	
Messer	
Milchkännchen	
Müllbeutel	
Papierservietten/Tücher	
Plastikeimer und -schüssel	
Salz- und Pfefferstreuer	
Schnellkocher mit Schnur	
Schreibzeug	
Spiegel	

Messeausrüstung von A-Z:	✓ Vorhanden:
Spülmittel	
Staubsauger	
Staubtücher	
Streichhölzer	
Suppenlöffel	
Suppentassen und Suppenteller	
Tabletts in verschiedenen Größen	
Tee- und Kaffeelöffel	
Teekanne	
Teetassen oder Teegläser	
Töpfe/Pfannen	
Untertassen	
Verlängerungsschnur und Verteiler	
Zuckerdose	

Diese Checkliste können Sie unter http://www.gabler.de/Privatkunden/OnlinePLUS.html herunterladen, speichern und bearbeiten.

Checkliste: Der Pannenkoffer

Was auf keinen Fall fehlen sollte:	✓ Vorhanden:
Reise-Apotheke	
Englisch-Wörterbuch	
Mehrfach-Steckdosen	
Weltstecker für Messen im Ausland	
Klebeband	
Müllsäcke	
Briefbögen mit Firmenlogo	
Ersatzkrawatten	
Reiseschuhputzmittel	
Papiertücher	
Kamera	
Nähutensilien	
Schweizer Offiziersmesser / Taschenmesser	
Schere	
Locher	
Briefumschläge	
Plastikhüllen	
Liste mit wichtigen Telefonnummern	

Diese Checkliste können Sie unter http://www.gabler.de/Privatkunden/OnlinePLUS.html herunterladen, speichern und bearbeiten.

6.4 Mitarbeiter fit für den Messeauftritt machen

Besucheransprache auf Messen

Beispiele für Ansprachen:

- „Guten Tag, mein Name ist …, Sie sind hier bei der Firma …"
  „Kennen Sie schon …?" … Pause
- „Kommen Sie zu uns auf den Stand, ich lade Sie ein …"
- „Wir bieten Ihnen genau das, was *Sie* suchen …"
- „Welche Fragen kann ich Ihnen beantworten?"
- „Welches Interesse führt Sie zu uns?"
- „Was kann ich für Sie tun?"
- „Wie gefällt Ihnen unser Stand? Bitte kommen Sie doch näher, Sie können sich gerne unsere Produkte etwas genauer anschauen."
- „Sie schauen sich interessiert … an, was sagen Sie dazu?"
  „Wie ist Ihre Meinung?"

Die Don'ts der Besucheransprache

- „Kann ich Ihnen helfen?"
- „Suchen Sie was Bestimmtes?"
- „Kann ich was für Sie tun?"
- „Werden Sie schon bedient?"
- „Kommen Sie allein zurecht?"

Gesprächseröffnung

- Bemühen Sie sich um eine freundlich-positive Begrüßung.
- Suchen Sie Blickkontakt.
- Beobachten Sie unauffällig Ihren Partner: aus Haltung, Mimik, Begrüßungsform können Sie ablesen, ob er in einer guten Verfassung ist, ob er Sie als gleichberechtigt betrachtet, und ob die Chemie zwischen Ihnen stimmt.
- Nach der Begrüßung ist ein kurzer „Small Talk" angesagt. Benutzen Sie Schlüsselworte, um beim Gegenüber angenehme Emotionen zu wecken. Schaffen Sie vor allen Dingen bei ängstlichen, schüchternen Gesprächspartnern dadurch ein psychologisches Ventil.
- Lassen Sie zu Beginn des Gesprächs Ihren Partner reden, das wirkt sympathisch.

- Zeigen Sie, dass Sie zuhören können.
- Nennen Sie Ihr Gegenüber öfter beim Namen.
- Bei längeren Gesprächen ist es sinnvoll, den Gesprächsablauf zu bestimmen oder gegebenenfalls nach der verfügbaren Zeit zu fragen. (Steht Ihr Gesprächspartner unter Zeitdruck, kommen Sie sofort zur Sache).
- Schaffen Sie ein Sympathiefeld!
- Stellen Sie offene Fragen!
- Notieren Sie mögliche Ansatzpunkte!
- Verbale Unterstützung:
    - „Das sehe ich genauso …"
    - „Ich kenne das Problem …"
    - „Sie sehen das vollkommen richtig …"
    - „Ich verstehe Ihre Befürchtungen"

Kleiner Knigge für das Standpersonal

- Freundlichkeit, Höflichkeit, Aufmerksamkeit und echtes Interesse an den Besuchern erleichtern den Kontakt.
- Hemmschwellen zu nehmen, ist Aufgabe des Standpersonals.
- Die Kontaktaufnahme und der Gesprächsabschluss liegen beim Standmitarbeiter.
- Jede Selbstbeschäftigung signalisiert Desinteresse.
- Körpersprache ist immer ehrlich: Die Körpersprache kann einladend oder abweisend sein.
- Angewohnheiten, wie nervöses Herumlaufen oder die breitbeinige Position auf der Standgrenze verhindern den Kontakt.
- Gespräche mit Kollegen ersetzen nicht die Gespräche mit den Besuchern.

Übersicht: Schwierige Situationen am Stand

Problem	Lösung
Zu wenige oder gar keine Besucher:	− Rollenwechsel Personal − Stand umgestalten
Zu viele Besucher auf einmal:	− Kurz fassen − Reibungslose Teamarbeit
Reklamierer auf dem Stand:	− Von der Bühne holen − Professionell behandeln
Eigene Mitarbeiter belagern den Stand:	− Höflich und bestimmt weiterschicken
Personal wird von Verkäufern umlagert:	− Ebenfalls höflich und bestimmt weiterschicken
Der gute Kunde mit großer Ausdauer:	− Gespräche aktiv führen und Vorschläge machen

Präsentationstechniken

- Sie wecken Interesse durch Erläuterung der Merkmale.
- Das Verlangen nach Besitz wecken Sie durch die Diskussion über die Vorteile.
- Ihr wichtigster Satz: „Für Sie bedeutet das …"
- Der Kunde kauft nur Vorteile/Nutzen und Lösungen, keine Produkte.
- Es ist das Gefühl, das Ihr Kunde kaufen möchte.
- Verwenden Sie visuelle Verkaufshilfen.
- Verlangen Sie Feedback.
- Hören Sie zu!
- Tipps für eine gelungene Präsentation:
    - Eine Präsentation ist ein spannender, dynamischer und eindrucksvoller Vorgang.
    - Gehen Sie vom Generellen zum Besonderen.
    - Beteiligen Sie den Kunden, beziehen Sie ihn mit ein, zum Beispiel dadurch, dass er seine Situation aufzeichnet.
    - Schreiben und malen Sie auf die Prospekte, die der Besucher mitnehmen wird – das erhöht den Wiedererkennungswert.

Messedienst - Basics

- Stehen Sie immer zum Gang hin, nach Möglichkeit auch während eines Gespräches.
- Achten Sie auf korrekte Kleidung: Die Mitglieder des Messeteams sollten immer etwas konservativer als die Messebesucher gekleidet sein.
- Arbeiten Sie mit Ihren Kollegen zusammen! Auf der Messe gewinnt nur das Team!
- Machen Sie sich vor der Messe Gedanken über Ihre eigenen Ziele für die Messe.
- Geben Sie einem Interessenten gleich zu Beginn eines Gespräches Ihre Visitenkarte. Sie werden im Gegenzug dafür in den meisten Fällen die Ihres Gesprächspartners ebenfalls erhalten. Auf der Rückseite kann sich der Besucher ein paar Notizen machen, dies fördert die Erinnerung an Sie und Ihr Unternehmen.
- Sollte der Besucher später noch Rückfragen haben, kann er sich auf eine Person beziehen. Beobachten Sie Interessenten: Holen Sie den Kunden dort ab, wo er gedanklich steht (Augen beobachten).
- Gehen Sie sorgsam mit dem höchsten Gut der Messe um: Zeit!
- Zum Schluss: Nicht vergessen, etwas zehnmal gut machen und einmal schlecht machen – nur das schlechte bleibt in der Erinnerung.

6.5 Werbemittel

Checkliste: Mittel der Besucherwerbung

- ✓ Briefaufkleber
- ✓ Einladungsbrief mit Antwortkarte
- ✓ Einladungsprospekt mit Antwortkarte
- ✓ Telefonmarketing
- ✓ Eintrittskarten-Gutscheine
- ✓ Einladungsgeschenk
- ✓ Verlosung und Preisausschreiben
- ✓ Anzeigenwerbung
- ✓ Katalogeintragung und Kataloganzeigen
- ✓ Eintragungen in Besucher-Informationssysteme
- ✓ Außenwerbung
- ✓ Internetauftritt

6.6 Pressearbeit

Checkliste: Pressetexte

Layout:

- ✓ Text 1,5- oder 2-zeilig schreiben
- ✓ mindestens ein Drittel der Seite sollte für den Rand frei bleiben
- ✓ das Blatt nur einseitig beschreiben
- ✓ am Ende des Textes Zahl der Zeilen und Anschläge pro Zeile angeben
- ✓ Tipp: Entwickeln Sie ein spezielles Formular für Pressemitteilungen
- ✓ Halten Sie Pressemitteilungen auf Papier und elektronisch (z. B. auf USB-Stick) bereit und fragen Sie die Journalisten, in welcher Form Sie ihnen die Pressemappe zur Verfügung stellen sollen.

Inhalt:

- ✓ Namen und Telefonnummer des Ansprechpartners nennen (dieser sollte auch spät abends erreichbar sein, da Journalisten oft erst abends Zeit haben)

Rechtliches:

- ✓ Persönlichkeitsrechte und Datenschutzbelange dürfen nicht berührt werden.
- ✓ Verwenden Sie Fotos aus Ihrem Betrieb, auf denen Mitarbeiter abgebildet sind, so müssen diese vorher um Genehmigung gefragt werden.
- ✓ Klären Sie bei allem Bildmaterial das Urheberrecht.
- ✓ Nennen Sie andere Personen oder Firmen als Referenzen, so müssen diese vorher um Erlaubnis gefragt werden.

6.7 Messebriefing

Tipp:

Vergessen Sie bitte nicht, dass es immer wieder erforderlich ist, um auch Ihr Team jeden Tag neu zu motivieren, ein Messebriefing zu machen. Legen Sie fest, ob Sie es jeweils morgens oder abends machen. Das Ganze sollte vom Standleiter organisiert werden.

Messebriefing

- Was war am Vortag falsch oder muss verbessert werden?
- Wie wird die Resonanz der Besucher beurteilt?
- Ist der Stand noch in Ordnung, alles aufgeräumt?
- Sind noch ausreichend Prospekte, Info-Material, Vorführmaterialien und Tüten an den Plätzen?
- Welche besonderen Besucher (VIPs) werden erwartet; wer ist für die Betreuung zuständig?
- Welche speziellen Aktionen/Aktivitäten stehen an?
- Existiert eine Pauseneinteilung?
- Wer beobachtet den Wettbewerb?
- Wurden die Besuchsberichte ordentlich ausgefüllt, erfasst und weitergegeben?
- Welche besonderen Leistungen wurden erbracht?
- Ist alles für die Bewirtung am Stand?
- Gesprächsnotizen sind speziell bei Gesprächen mit potenziellen Neukunden wichtig, denn nur so sind Sie in der Lage, systematisch nachzufassen.

Checkliste: Messebericht

Dieser muss beinhalten:	✓ Vorhanden:
Name, Firma und Anschrift des Besuchers	
Datum/Name des Mitarbeiters	
Position im Unternehmen	
Branche und Vertriebsform	
Neukunde, Altkunde, Interessent, Wettbewerb	
Was war das Hauptthema des Gespräches	
Meinung zur Standgestaltung, Produktpräsentationen, evtl. Neuheiten, Service	

Abschlussbericht und Nachbereitung

Dieser muss beinhalten:	✓ Vorhanden:
Hat der Besucher Informationsmaterial sofort mitgenommen	
Erhält er Informationsmaterial per Post	
Wünscht er erneute Kontaktaufnahme	
Was wurde vereinbart	
Tipp: Machen Sie Ihre Notizen schon während des Gespräches.	

Tipp:

Wenn möglich, machen Sie auch Notizen über die Art des Gespräches und über Ihren Gesprächspartner. Somit können Sie oder die Kollegen sich beim nächsten Anruf auf den Interessenten leichter einstellen.

Übersicht: Faktoren der CI

Corporate-Identity-Politik		
Corporate-Design	Corporate-Communications	Corporate-Behavior
Erscheinungsbild: — Design — Architektur — Uniform — Farben — Formulare — Schrift — Signets — Produkte	Kommunikation: — Anzeigen — Plakate — Broschüren — Mitarbeiter, Kundenzeitungen — Gebrauchsanweisungen — Slogan — Messen	Verhalten: — Führung — Vergütung — Personalentwicklung — Beurteilung — Umgangston — Konferenzstil — Kritikfähigkeit

6.8 Abschlussbericht und Nachbereitung

> Tipp:
>
> Bei Profis gilt die Aussage, ohne Abschlussbericht und Nachbereitung hätte die Messe besser gar nicht stattgefunden. Darum hier einige Hinweise, wie Sie das Ganze am besten gestalten.

Checkliste: Messeabschlussbericht

Inhalt des Messeabschlussberichts:	✓ Aufgenommen:
Anzahl und Qualität der Kontakte im Verhältnis zur Gesamtbesucherzahl	
Anzahl Kunden/Interessenten/Andere	
Herkunft der Besucher: Inland/Ausland/regionale Herkunft/Wirtschaftszweig	
Berufliche Stellung der Besucher, Funktion, Entscheidungskompetenz	
Interessenschwerpunkte	
Anregung zur Kritik zur Exponatauswahl und -präsentation	
Resonanz der Besucherwerbung	
Kostenkalkulation	
Standgestaltung/-wirkung/-funktionalität	
Standgestaltung/-wirkung/-funktionalität	
Personaleinsatz/Teamarbeit	
Schlüsse für die Folgeveranstaltung	

Diese Checkliste können Sie unter http://www.gabler.de/Privatkunden/OnlinePLUS.html herunterladen, speichern und bearbeiten.

Übersicht: Messe-Erfolgskontrolle

Erfolgskontrolle	Daten:
Kontakte:	
— Anzahl der Kontakte	
— Qualität der Kontakte	
Verhältnis von:	
— Kunden	
— Interessenten	
— Sonstige Besucher	
Kennziffer: Kosten pro Kontakt:	
— Kunden	
— Interessenten	
— Sonstige Besucher	
Kennziffer: Kontakte pro Quadratmeter und pro Standmitarbeiter:	
Feedback der Besucher auf:	
— alte Produkte oder Dienstleistungen	
— neue Produkte oder Dienstleistungen	
— Preise	
— Sortiment	
— Design und Verpackung	
— Unternehmensauftritt nach Marktposition im Wettbewerb	

Diese Übersicht können Sie unter http://www.springer.com auf der Seite zum Buch unter „Zusätzliche Informationen" herunterladen, speichern und bearbeiten.

> **Tipps:**
>
> Der letzte Messetag steht meist schon im Zeichen der Abreise und die Messezeit hat alle Beteiligten stark in Anspruch genommen, dennoch dürfen Sie als Standleiter es nicht versäumen, zumindest den noch anwesenden Mitarbeitern noch vor Ort für ihren Einsatz zu danken.
>
> Sie sollten die Haupt-Manöverkritik zusammen mit den Mitarbeitern – die Sie erreichen können – in den ersten Tagen nach Abschluss der Messe durchführen und Ergebnisse schriftlich festhalten, sobald Sie folgende Informationen aufbereitet haben:

Abschließende Manöverkritik und Abschlussbericht

Der Abschlussbericht sollte erfassen:

- Besucherzahl insgesamt
- Besucherzahl nach Verkaufsgebieten
- Besucherzahl nach Messetagen
- Besucherzahl nach Gesprächsthemen beziehungsweise Zielgruppen
- Resonanz auf Ihre gezielten Einladungen
- Konsequenzen für die nächste Einladung
- Abschlüsse

In der Manöverkritik selbst sollte Stellung genommen werden zu:

- Resonanz der Kunden auf dem Stand insgesamt, auf einzelne Exponate (insbesondere die, die getestet werden sollten), auf besondere Aktivitäten (Messeangebote zum Beispiel)
- Erfahrungen mit der Organisation der Messegesellschaft
- Konsequenzen (Verbesserungsmöglichkeiten bei einer eventuellen Wiederholung)

Dabei sollte allen Beteiligten auch offene Kritik erlaubt sein!

Übersicht: Ausführlicher Messeabschlussbericht

Messeabschlussbericht	Daten des Messeauftritts:
Messe/Ausstellung:	
Termin:	
Ort:	
Halle:	
Stand-Nummer.	
Fotos (liegen vor):	
Anzahl:	
Standgröße:	
Länge:	
Breite:	
Standart:	
Zahl der Aussteller:	
Bemerkungen zur Lage des Standes:	
Skizze des Messestands:	

Diese Übersicht können Sie unter http://www.springer.com auf der Seite zum Buch unter „Zusätzliche Informationen" herunterladen, speichern und bearbeiten.

Beispielformulare: Standbesetzung

Standbesetzung	
Standleitung: Frau/Herr	
Standaufbau: Frau/Herr	

Eigene Standbesetzung (Name), in Klammer Zahl der Messetage:

Andere (fremde) Standbesetzung (Namen):

Tageskosten:	
Gesamtkosten:	

Besucher der Messe:

Messetag/Datum:	Besucher der Ausstellung (Inland/Ausland)	Passanten des Standes (geschätzt)	Gespräche am Stand mit Notizen (Inland/Ausland)	davon Neu-Kontakte (Inland/Ausland)
Insgesamt:				

Angaben von der Messeleitung

Stärke der Standbesetzung in Kontakttagen:

Kontakttage = Anzahl Standbesetzung × Standdiensttage der einzelnen Mitarbeiter:

(Beispiel: Messe von 7 Tagen mit 2 Mitarbeiter für 7 Tage und 2 für jeweils 3 Tage; Kontakttage = 2 × 7 + 2 × 3 = 20)

Kontakt-Intensität (Anzahl der Gesprächsnotizen: Kontakttage = Kontaktintensität):

Angaben zu den Ausstellungsstücken: (Ggf. Anlage beifügen)

Stückzahl:

Größe:

Programm:

sonstiges:

Angaben zur Ausstattung und Dekoration:

Schautafeln:

Modelle:

Vitrinen:

Weitere Bemerkungen (Lichteffekte, Ton et cetera):

Angaben zum Verlauf der Gespräche

Was waren die wichtigsten drei Gesprächs- und Besuchsanlässe von Seiten der Besucher nach Ihrer Schätzung (bitte nur drei Alternativen und dabei die Rangfolge nennen):

Allgemeine technische Information:

Kontakt:

nur „Anlaufstelle" haben, sich bewirten lassen:	
Allgemeine kaufm. Information (Konditionen, Preise et cetera):	
andere:	

Welche ausgestellten Teile fanden das meiste Interesse:

1:	Begründung:
2:	Begründung:
3:	Begründung:

Welche Kritik wurde von Seiten der Besucher geäußert (was wurde vermisst, was gefiel nicht et cetera):

Abschlüsse

Verkäufe/Abschlüsse:	Euro
Absehbare Folgeaufträge:	Euro

Angaben zum Wettbewerb (soweit auf der Messe vertreten):

Firma	Standgröße circa m x m	Standort	Schwerpunkt der Ausstellung	Gesamteindruck

Abschlussbericht und Nachbereitung

Ergänzende Bemerkungen dazu:

Angaben zum verteilten Prospektmaterial:

Bezeichnung:	Verbrauch (circa Stück):

Empfehlung dazu für die nächste vergleichbare Veranstaltung:

Abschlussbeurteilung:

Gesamtkosten (ohne Personalkosten) in Euro:

Gründe für die Beschickung der Messe (in Stichworten):

Wie sieht nachträglich der Soll-Ist-Vergleich aus?:

Welche Fehler beziehungsweise Fehleinschätzungen sollten hier festgehalten werden:

Wiederholung zu empfehlen?	Ja ☐	Nein ☐
Bitte in Gesamtbeurteilung hier begründen:		

Wenn ja:	
größere	
kleiner	
gleiche Standfläche	
also in qm	

Dieses Formular können Sie unter http://www.gabler.de/Privatkunden/OnlinePLUS.html herunterladen, speichern und bearbeiten.

Checkliste: Nacharbeiten

Nachfassen bei den Messekontakten durch:	✓ Erledigt:
gezielte Zusatzinformation an Besucher (Brief). ggf. Dank für den Besuch	
gezielte Gesamt-Information an Firmen und Personen aus Ihrer Zielgruppe, die als Besucher nicht registriert sind	
angefordertes Material an Besucher versenden	
zusammenfassender Rückblick an Fachpresse und eventuell auch an die Lokalzeitung	
Besuchsveranlassung, soweit angebracht	
Information über Messeergebnisse an Handelspartner, eventuell auch an Vorlieferanten (wenn ein entsprechendes Vertrauensverhältnis besteht und auch sie auf die eventuelle Messe-Konsequenz hingewiesen werden müssen) und an eigen Mitarbeiter	

7 Office-Handbuch

7.1 Bedeutung des Office-Handbuchs

Das Office-Handbuch ist eine schriftliche Zusammenfassung aller Aufgaben, Abläufe und Informationen, die in Ihrem Sekretariat vorkommen. Außerdem sind dort Dokumentationen aller Aufgaben in der Zusammenarbeit mit einem bestimmten Vorgesetzten und anderen Mitarbeitern der Abteilung festgehalten.

Das Office-Handbuch gibt Ihnen und den Mitarbeitern Ihres Unternehmens die Möglichkeit, internes Wissen auf Mausklick zur Verfügung zu haben. Das Office-Handbuch ist ein virtuelles Nachschlagewerk für Ihr Unternehmen, bei dem alle Mitarbeiter stets aktuelle und organisatorische Regelungen zur Verfügung haben.

Ihnen und Ihren Assistenzkolleginnen bietet es zugleich den Vorteil, dass wertvolles Knowhow nicht verloren geht, sondern für alle nutzbar dargestellt wird. Sie stellen mit dieser Informationsquelle im internen Netz sicher, dass jeder im Unternehmen stets das neueste Wissen an einem Ort findet. Nicht zu vergessen, dass Sie mit diesem Office-Handbuch einen perfekten Leitfaden für Einarbeitung neuer Mitarbeiter finden.

Die Chefsekretärin als Informationsmanagerin

In Ihrem Büro laufen alle Fäden zusammen, dies zeichnet Sie für das Managen des Office-Handbuches aus. Sie wissen, welche Informationen benötigt werden und wonach gefragt wird. Mit diesem Instrument verhindern Sie, dass immer die gleichen Fragen gestellt werden und Abläufe erklärt werden müssen. Ein weiterer Vorteil ist, dass Sie damit erheblich zur Qualitätssicherung in Ihrem Unternehmen beitragen und somit einen Anteil an der unternehmensweiten Wissensdatenbank haben.

Nun gilt es aber auch, dafür Ihren Chef zu gewinnen und sich zu überlegen, wie viel Energie Sie noch neben Ihrer alltäglichen Arbeit für das Office-Handbuch erübrigen können.

Sie benötigen ebenfalls ein Team, das mit Ihnen gemeinsam dieses Handbuch erstellt und auch später pflegt. Sie müssen dafür also Gleichgesinnte gewinnen.

Den Chef überzeugen und die Kollegen gewinnen

Sicher rechnen Sie schon damit, dass Ihr Chef nicht so sehr begeistert ist von Ihrer Idee, denn das Ganze kostet Zeit, und er möchte nicht, dass die Arbeit für ihn darunter leidet. Schauen Sie sich die Argumente an und entscheiden Sie, wie Sie Ihren Chef überzeugen können:

- Sie sind durch dieses Office-Handbuch über alle wichtigen Geschehen im Unternehmen informiert.
- Sie sind über alle organisatorische Regelungen auf dem neuesten Stand.
- Für neue Mitarbeiter steht eine große Wissensbank zur Verfügung.
- Sie selbst können sich noch mehr in die Geschehnisse des Unternehmens einarbeiten, kennen sich aus und sind somit eine unersetzbare Zuarbeiterin für Ihren Chef.
- Sie erweitern Ihr betriebsinternes Netzwerk, da Sie auch abteilungsübergreifend mit anderen Mitarbeitern zusammenkommen.
- Ist Ihr Sekretariat mal nicht besetzt, weiß Ihr Chef stets, wo er alle wichtigen Daten findet.
- Das Office-Handbuch sichert eine optimale Vertretungsmöglichkeit bei Urlaub, Krankheit etc.
- Für Sie und die Kolleginnen im Sekretariat ist es ein starker Motivationsfaktor und Sie identifizieren sich noch mehr mit Ihrer Arbeit. Und last but not least, das Erstellen des Handbuches erfordert Zeit, aber nach Fertigstellung sparen Sie Zeit, weil die Mitarbeiter Sie nicht mehr stören mit ihren Fragen, sondern Zugriff auf diese Informationsquelle haben.

Nun gilt es noch Ihre Kolleginnen für diese Aufgabe zu begeistern. Das gelingt Ihnen sicher mit diesen Argumenten:

- Es sind alle stets über firmeninterne Regelungen informiert.
- Durch die Mitarbeit an diesem Projekt wird die Teamfähigkeit gefördert und es stärkt das Zusammengehörigkeitsgefühl der Kolleginnen.
- Mit diesem Projekt kann jede Kollegin glänzen und macht Marketing in eigener Sache.
- Mit diesem Handbuch gewinnen die Assistentinnen ein neues Standing im Unternehmen und die Umwelt wird feststellen, für was Sie alles zuständig sind und welche Fähigkeiten Sie haben.

7.2 Ziele festlegen und fixieren

Sie haben Ihr Team aufgestellt und organisiert, haben die Genehmigung von Ihrem Vorgesetzten und machen sich jetzt an die Arbeit. Der erste Schritt ist nun Ziele festzulegen. Arbeiten Sie nach dem KISS-Prinzip (Keep it short and simple), das bedeutet, Informationen prägnant, kurz und aussagekräftig auszuarbeiten.

Ziele festlegen und fixieren

Und dies gehört in Ihr Konzept:

- Wie ist die Grobstruktur?
- Wer gehört zum Projektteam?
- Wer sorgt für die Aktualisierung?
- Was enthalten die Randbedingungen?
- Wie sollte das Budget festgelegt werden?
- Wie werden Termine kommuniziert?

Da es hier auch auf die äußere Form ankommt, erhalten Sie an dieser Stelle einen **Leitfaden** für diese Ausarbeitung:

Name des Organisationshandbuches

– Nutzenbeschreibung für das Unternehmen

– Ziel des Projektes (Beispiel: firmeninternes Nachschlagewerk für alle Mitarbeiter oder Quelle für Unternehmensinformation für Mitarbeiter)

Mögliche Inhalte

- Beschreibung aller Aufgaben, die Sie in Ihrem Sekretariat zu erledigen haben.
- Detaillierte Arbeitsabläufe, die dafür notwendig sind.
- Weitere grundlegende Informationen für Ihr Unternehmen.
- Interne Regelungen
- Aufgabenbeschreibung
- Organigramm
- Aktenplan, Aktenverzeichnis
- Ablage-Tipps
- Checkliste: Akten anlegen, Akten vernichten
- Formulare und Checklisten
- Adressen von A – Z
- Abkürzungsverzeichnis
- Telefonliste
- Unterschriftenberechtigung/-regelung

- Mustertexte mit Dateinamen
- Tägliche, wöchentliche Routinen
- Schlüsselplan
- Kennwörter PC (oder Namen eines zuständigen Kollegen nennen)
- Wer kann helfen bei …
- Wer liefert was?/Bestellwesen
- Reisemanagement
- Planung von Veranstaltungen und Besprechungen
- Besucherbetreuung
- Büromaterial gibt es bei …, wann …
- Fachbegriffe und Literatur
- Finanzen und Rechnungswesen
- Hotelkooperationen und Rahmenverträge
- Moderne Korrespondenz und neue deutsche Rechtschreibung, DIN 5008
- Wettbewerb im Internet
- Messetermine
- Regeln für Post und Warenversand
- Infos rund ums Personal
- Technische Dokumentationen

Checkliste: Realisierung

Arbeitspakete – an dieser Stelle beschreiben Sie die Arbeitspakete der einzelnen Teammitglieder, zum Beispiel:

- Layout
- Strukturierung des Inhaltes
- Erstellen von Checklisten
- Korrekturlesen
- Abstimmung mit der IT-Abteilung
- Ins Netz stellen
- Elektronische Realisierung
    - Wie soll das Ganze geschehen?
    - Wer ist dafür zuständig?
    - Welche Kapazitäten stehen zur Verfügung?
- Termine
    - Wann startet das Projekt?
    - Was sind die wichtigsten Termine (Eckpunkte)?
    - Wann ist der geplante Endtermin?
- Geschätztes Budget
- Regelmäßiges Update
    - Wer ist dafür verantwortlich?
    - Wie soll das Ganze geschehen?
    - Welchen Zeitaufwand planen wir ein?

8 Personal

Zu den wichtigen Aufgaben des Büromanagements gehört der Bereich Personal. Bei der Vakanz von Stellen müssen Anzeigen geschaltet oder Positionen intern ausgeschrieben werden, die heutzutage meist sehr umfangreich eintreffenden Bewerbungen zumindest vorsortiert sowie Vorstellungsgespräche geführt und ausgewertet werden. Die folgenden Checklisten zeigen Ihnen, was Sie beim Verfassen von Stellenanzeigen beachten müssen. Wie Sie die eingehenden Bewerbungen quantitativ bewältigen und qualitativ richtig einordnen. So gerüstet sollte es für Sie ein leichtes sein, die optimalen neuen Kollegen zu finden.

Ist dann eine Entscheidung gefallen, wird der neue Kollege im Unternehmen willkommen geheißen und eingearbeitet. Sorgen Sie mithilfe von Checklisten dafür, dass der Start des neuen Mitarbeiters positiv ausfällt und sich Ihr neues Teammitglied von Anfang an wohl fühlt.

8.1 Stellenanzeigen treffend formulieren

Checkliste:	„AIDA" für Stellenanzeigen
A = Attention	✓ Aufmerksamkeit mit der Anzeige erregen (z. B. durch eine Schlagzeile)
I = Interest	✓ Interesse an der Position wecken
D = Desire	✓ Wunsch beim Bewerber, die Stelle zu wechseln, den angebotenen Job haben zu wollen
A = Action (Acquire)	✓ Aufforderung, Kontakt aufzunehmen, Bewerbungsunterlagen zu schicken

Übersicht: Realistische Anforderungsmerkmale

1. Quelle: Stellenbeschreibung	– Vorsicht: meist schon Jahre alt; oft zu anderen Zwecken gestaltet!
2. Quelle: Interview mit dem Fachvorgesetzten	– Was soll der Stelleninhaber nach der Einarbeitung tun? (circa acht Hauptaufgaben) – An was messen Sie den Erfolg bei dieser Tätigkeit? – Welche nichtfachlichen Anforderungsmerkmale sind wichtig? (Höchstens drei bis vier, z. B.: Teamfähigkeit, Führungsfähigkeit, Belastbarkeit ...) – Welche Ausbildung ist erforderlich? – Wie viel Berufserfahrung ist notwendig? – Könnte ein anderer Mitarbeiter in der Abteilung oder im Haus die höherwertigen Tätigkeiten übernehmen, wenn er quantitativ entlastet würde? – Welche Anforderungen (Also: Was der Bewerber können muss) könnte der neue Mitarbeiter noch während der ersten Jahres erlernen?
Anforderungen:	– Trennen Sie die Anforderungen zusammen mit dem Fachvorgesetzten nach: – unerlässlich („K.o.-Merkmale" für die erste Durchsicht), – erwünscht und – ideal. – Bei den „Unerlässlichen" auch alternative Möglichkeiten (z. B. Berufserfahrung für Ausbildung) überlegen.

8.2 Worauf Sie bei Bewerbungen achten müssen

Checkliste: Die Bewerbungsflut in den Griff bekommen

Vorgehen:	✓ Erledigt:
1. Schritt	
Festlegen der unabdingbaren Anforderungen	
Festlegen der gewünschten Anforderungen	
2. Schritt	
Erste Durchsicht der Bewerbungsunterlagen und sortieren nach — A-Stapel: „Einladen": Nach den Unterlagen (ohne genauere Durchsicht) erfüllt der Bewerber alle Voraussetzungen und könnte zum Gespräch eingeladen werden. — B-Stapel: „Unklar/näher prüfen": Es fehlen gewünschte Anforderungen. Unklarheiten, Lücken, Formmängel sind erkennbar. Könnte evtl. für Nachfassaktion (2. Durchgang) in Frage kommen. — C-Stapel: „Absagen": Unabdingbare Anforderungen werden nicht erfüllt. Zeugnisse sind schlecht. Oder: Die Form (Gesamteindruck) ist unter Niveau. Kann sofort Absage geschickt werden.	
3. Schritt	
Genaue Durchsicht des A-Stapels: Form, Inhalt und Gesamteindruck (siehe Blatt Prüfkriterien für die Bewerberunterlagen). Evtl. Durchsicht des B-Stapels (falls A-Stapel nicht erfolgreich)	
— Erfassen aller Bewerbungen — Erfassen aller Bewerbungen — Zwischenbescheid an B-Stapel-Bewerber — Absage an C-Stapel-Bewerber	

Diese Checkliste können Sie unter http://www.gabler.de/Privatkunden/OnlinePLUS.html herunterladen, speichern und bearbeiten.

Checkliste: Sofortprüfung bei Eingang der Bewerbungsunterlagen

Alles auf einen Blick:	
Bewerber:	
Name:	
Anschrift:	
Eingang der Unterlagen:	
Telefon:	

Bewerbungsunterlagen:	✓ Vorhanden:
Bewerbungsbrief / Anschreiben	
Lebenslauf	
Lichtbild	
Zeugnisse	
Referenzen (falls erforderlich)	
Arbeitsproben	
Ordnung der Unterlagen (geordnet/ungeordnet)	

Äußerer Eindruck der Bewerbungsunterlagen (Form, Raumaufteilung, Schriftbild)	Anmerkung:
übersichtlich oder unübersichtlich gegliedert?	
Sauber, ohne Ausbesserungen?	

Schulbildung	Gewichtung		✓ Wird vom Bewerber erfüllt	
	muss	sollte	ja	nein
Volksschule				

Mittlere Reife				
Abitur				

Ausbildung:

Lehre als:

Fachschule:

Uni/FH:

Fachrichtung:

Diese Checkliste können Sie unter http://www.gabler.de/Privatkunden/OnlinePLUS.html herunterladen, speichern und bearbeiten.

Beurteilen Sie die eingegangenen Bewerbungen unter Berücksichtigung folgender Kriterien:

- Erregt sie sofort die Aufmerksamkeit des Lesers?
- Weckt sie das persönliche Interesse?
- Schafft sie den Wunsch, dass der Leser eine Zusammenarbeit wünscht und anstrebt?

8.3 Beurteilung von Bewerbungen

Tipp:

Ein nicht zu unterschätzender Punkt der Bewerbung ist das Foto.

Das Foto ist wesentlicher Bestandteil einer Bewerbung, denn es dient ebenfalls dazu, ein Sympathiefeld aufzubauen. Allein durch das Austauschen eines Fotos in einer Bewerbung konnten wir in unserer täglichen Praxis schon oft das gewünschte Ziel erreichen, denn jeder Mensch ist in seinem Gefühl beeinflussbar.

Checkliste: Beurteilungskriterien für Bewerbungsunterlagen

- ✓ Gute Papierqualität
- ✓ Papier nur einseitig beschrieben
- ✓ Gut lesbare Schrift, saubere Schrifttype, Schrift nicht zu klein gewählt
- ✓ Ausreichender Platz am oberen und unteren Papierrand. Vor allem auf der linken Seite etwa 3 bis 4 cm Rand lassen, damit die Unterlagen auch in der Bewerbermappe noch gut lesbar sind
- ✓ Keine Korrektur, keine Streichungen, kein Tipp-Ex
- ✓ Individuell gestaltetes Original-Bewerbungsschreiben
- ✓ Übersichtlicher Aufbau, logisch strukturierte und klare Gliederung der Absätze
- ✓ Die Unterlagen sind ordentlich in einer Bewerbungsmappe sortiert (keine Plastikhüllen)
- ✓ Die Unterlagen sind in der richtigen Reihenfolge sortiert und vollständig
- ✓ Stabiler sauberer Umschlag – natürlich ausreichend frankiert

Worauf Sie besonders achten sollten

Checkliste: Inhalt des Bewerbungs- beziehungsweise Anschreibens:

- ✓ Fehlerfreie Grammatik, Rechtschreibung und Zeichensetzung
- ✓ Das Bewerbungsschreiben muss kurz, präzise und prägnant sein
- ✓ Übersichtliche, glaubwürdige Darstellung der eigenen Person, berufliche Qualifikation und des Werdeganges
- ✓ Der Bewerber kann durch Vorbildung und Beispiele bisheriger Tätigkeiten deutlich machen, dass er den Anforderungen für seine künftige Aufgabe entspricht
- ✓ Erkennbare berufliche Zielorientierung des Bewerbers: Der Stellenwechsel ist begründet; der Bewerber zeigt Interesse für die eigene Weiterbildung
- ✓ Der Bewerber ist kein „Job-Hopper": Zwischen den einzelnen Stellenwechseln liegt mindestens ein Zeitraum von zwei bis drei Jahren
- ✓ Die Begründung für den Stellenwechsel ist überzeugend: Es wird deutlich, warum er sich gerade auf diese Stelle, bei diesem Unternehmen bewirbt
- ✓ Der Stil der Bewerbung lässt erwarten, dass der Bewerber in das Unternehmen passt
- ✓ Keine übertriebene, sondern souveräne, selbstbewusste und glaubwürdige Werbung für die eigene Person und die berufliche Qualifikation; keine unterwürfige Art der Bewerbung.

- ✓ Der Bewerber geht auf Aspekte ein, die in der Stellenanzeige angesprochen werden
- ✓ Der Bewerber dokumentiert mit seiner Bewerbung, dass er über das Unternehmen und die Position informiert ist
- ✓ Der Bewerber lässt erkennen, dass er mobil ist
- ✓ Es wird ein angemessener Gehaltswunsch angegeben (wenn gewünscht)

Kritische Punkte in Bewerbungsunterlagen

- ■ Lücken im Lebenslauf
- ■ Art und Häufigkeit der Arbeitsplatzwechsel (berücksichtigen Sie hierbei die Branche und das Alter des Bewerbers)
- ■ absteigende und aufsteigende Wechsel des Bewerbers in der Vergangenheit
- ■ die Branche, in der der Bewerber gearbeitet hat
- ■ die Firmengröße seiner bisherigen Arbeitgeber
- ■ auffällige Wechsel des Bewerbers zwischen mehreren unterschiedlichen Berufen und Branchen, die vom Anforderungsprofil her kaum eine Übereinstimmung haben
- ■ Zeitlich vertretbar sind Stellenwechsel nach etwa drei bis fünf Jahren Betriebszugehörigkeit, insbesondere wenn es sich um einen jüngeren Bewerber handelt, der Erfahrungen sammeln will

Übersicht: Lebenslaufanalyse

Zeitfolgenanalyse:	— Arbeitsplatzwechsel: Häufigkeit, Alter des Bewerbers, Beruf des Bewerbers, Branchen, Aufsteigender oder absteigender Wechsel — Lücken im Werdegang
Positionsanalyse	— Hierarchischer Auf- und Abstieg, Berufs- und Arbeitsgebietswechsel — Auch aufsteigende Wechsel sind manchmal negativ zu werten, wenn sie auffällig schnell hintereinander folgen: Es könnte sich bei dem Bewerber um einen so genannten Job-Hopper handeln, der Stellenwechsel ausschließlich unter dem Gesichtspunkt eines höheren Einkommens mit positioneller Aufstufung vornimmt

Firmen- und Branchenanalyse	— Groß- oder Kleinunternehmen, Konkurrenzunternehmen, Branchenkenntnisse. Gerade Branchenkenntnisse spielen je nach Tätigkeit eine unterschiedlich große Rolle. Im Außendienst zum Beispiel ist branchenbezogene Berufserfahrung, insbesondere das Vermögen, aufgrund dieser Erfahrung die Bedürfnisse der Kunden richtig einzuschätzen und unterschiedliche Kundentypen richtig zu behandeln, besonders hoch zu bewerten — Untersuchen Sie aber nicht nur die Branche der bisher durchlaufenen Firmen, sonder auch deren Größe
Kontinuitätsanalyse	— Im Rahmen der Kontinuitätsanalyse schließlich überprüfen Sie den Lebenslauf auf den sinnvollen Aufbau der bisherigen beruflichen Entwicklung. — Achten sie hierbei besonders auf auffällige Wechsel eines Bewerbers zwischen mehreren unterschiedlichen Berufen und Branchen, die vom Anforderungsprofil her kaum eine Übereinstimmung haben. — Spannen Sie den Kontinuitätsrahmen nicht zu eng. Seiteneinsteiger bringen häufig sehr gute Ergebnisse.

Checkliste: 28 Prüfmerkmale für den Lebenslauf

✓ Prüfmerkmale:	ja	nein	ungeklärt	Ihre Notizen
1. Die Daten des Lebenslaufes stimmen mit den Daten der Arbeitszeugnisse und im Bewerbungsschreiben überein.				
2. Die Nachweise für Ausbildungs-, Fortbildungs- und Berufs-/Studienabschnitte sind vollständig.				
3. Der Lebenslauf ist chronologisch und verständlich gegliedert.				
4. Die Leistungen und Verhaltensweisen während der Ausbildung wurden in einem akzeptablen Maß bewertet.				

✓ Prüfmerkmale:	ja	nein	ungeklärt	Ihre Notizen
5. Die Berufsausbildung wurde zu Ende geführt.				
6. Die Leistungen und Verhaltensweisen während der einzelnen Arbeitsverhältnisse wurden in einem akzeptablen Maß bewertet.				
7. Es bestehen keine großen Lücken zwischen den einzelnen Arbeitsverhältnissen.				
8. Soweit Lücken zwischen den Arbeitsverhältnissen bestehen, sind diese plausibel vom Bewerber erklärt worden.				
9. Berufliche Tätigkeiten wurden zu den üblichen Kündigungsterminen beendet.				
10. Vorgenommene Stellenwechsel lassen eine berufliche Kontinuität sowie eine berufliche Zielrichtung erkennen.				
11. Es liegen häufige Wechsel des Arbeitgebers vor.				
12. Für die häufigen Wechsel der Arbeitsstelle liegen plausible Gründe vor.				
13. Die durchschnittliche Betriebszugehörigkeit bei den einzelnen Arbeitgebern fällt nicht aus dem üblichen Rahmen.				
14. Die vorgenommenen Stellenwechsel waren mit einem positionellen beziehungsweise aufgabenorientierten Aufstieg verbunden.				

✓ Prüfmerkmale:	ja	nein	ungeklärt	Ihre Notizen
15. Ersichtliche Berufsabstiege waren konjunkturell, branchenmäßig oder strukturell bedingt.				
16. Der Bewerber neigt nicht zur „Job-Hopperei".				
17. Die Bewerbung zeigt, dass der Bewerber flexibel einsetzbar ist.				
18. Der Bewerber hat schon ein ähnliches Unternehmen kennengelernt.				
19. Der Bewerber verfügt über ausreichende Branchenkenntnisse.				
20. Der Bewerber unterliegt keinem Wettbewerbsverbot.				
21. Der Bewerber nennt akzeptable Beweggründe für einen Wechsel zwischen Groß- und Kleinbetrieb und weist die hierfür notwendige Flexibilität auf.				
22. Wehr- oder Ersatzdienst ist von dem Bewerber nicht mehr zu leisten.				
23. Der Bewerber gehört Vereinen/Verbänden an, deren Mitgliedschaft förderlich fürs berufliche Fortkommen ist.				
24. Der Bewerber erfüllt die erforderlichen Zusatzqualifikationen für die zu besetzende Stelle.				
25. Der Bewerber hat Weiterbildungs-/Fortbildungskurse besucht, die positionell förderlich sind.				

✓ Prüfmerkmale:	ja	nein	ungeklärt	Ihre Notizen
26. Die Schulzeit hat der Bewerber gradlinig durchlaufen.				
27. Die Studienzeit hat der Bewerber gradlinig durchlaufen.				
28. Der Bewerber hat den Studienort beziehungsweise die Studienfächer nicht häufig gewechselt.				

Diese Checkliste können Sie unter http://www.gabler.de/Privatkunden/OnlinePLUS.html herunterladen, speichern und bearbeiten.

Checkliste: Bewerbungen priorisieren und absagen

- ✓ Vermeiden Sie bereits im Vorfeld überfällige Bewerbungen Die Arbeit mit der Absage beginnt schon mit der Formulierung der Personalanzeige. Konzipieren Sie einen detaillierten Anzeigentext. Je exakter und eindeutiger das Anforderungsprofil ist, umso höher ist die Wahrscheinlichkeit, dass die „richtigen" und nicht zu viele Bewerber reagieren.
- ✓ Organisieren Sie die Analyse der Bewerbungen
- ✓ Protokollieren Sie Ihre Analyse und mögliche Bewerbungsgespräche
- ✓ Speichern Sie einige ganze Briefe und geeignete Bausteine
- ✓ Denken Sie an einen Zwischenbescheid
- ✓ Führen Sie eine Ist-Stand-Liste
- ✓ Beherzigen Sie die Regel: „Lieber ungefähr richtig als ganz genau falsch!" Mindestens 50 Prozent der Bewerbungen sollten Sie nach der ersten, weitere 30 Prozent nach der zweiten Analyse aussortieren und zurücksenden.
- ✓ Machen Sie sich zu jeder Bewerbung und bei Vorstellungskandidaten kurze Notizen: Stärken, Schwächen und so weiter. Notieren Sie vor allem die Gründe, die gegen den Bewerber sprechen. Diese Daten können Sie dann direkt in der Absage verwenden. Das gilt vor allem für die Absagen nach der ersten und zweiten Analyse. Hier können Sie mit Bausteinen für typische Ablehnungsgründe rationell glaubwürdige Absagen gestalten.
- ✓ Falls das Auswahlverfahren länger als drei Wochen dauert, sollten Sie einen Zwischenbescheid versenden. Hier können Sie mit Hinweis auf eine noch nicht erfolgte Bearbeitung der Bewerbung durchaus auf eine Begründung verzichten.
- ✓ In einer Liste sollten alle Bewerbungen und der Stand der Bearbeitung auf einen Blick ersichtlich sein. So können sie bei möglichen Rückfragen schnell reagieren.

Übersicht: Vorgehensweise für Bewerbungsabsagen

Vorgehensweise:	Beispiele:
1. Schritt: Dank für die Bewerbung	– „Vielen Dank für Ihre ausführliche und ansprechende Bewerbung." – „Herzlichen Dank für Ihre Bewerbung und Ihre persönliche Vorstellung in unserem Hause."
2. Schritt: Lobende Worte über die Qualifikation	– „Ihre Qualifikation hat uns sehr beeindruckt … „ – „Dieses interessante und informative Gespräch hat uns einen sehr positiven Eindruck von Ihnen und Ihrer Qualifikation vermittelt …"
3. Schritt: Begründung Absage und Bitte um Verständnis	– „Ihre Bewerbung ist in die engere Wahl gekommen, aber nach gründlicher Prüfung haben wir uns für einen Bewerber entschieden, der bereits über langjährige Erfahrung im Ausland verfügt. Bitte haben Sie hierfür Verständnis." – „Dass wir uns für einen Mitbewerber entschieden haben, liegt am Gehaltsgefüge unseres Hauses."
4. Schritt: Gute Wünsche für den weiteren Berufsweg	– „Wir danken Ihnen für Ihr Interesse an unserem Unternehmen und sind überzeugt, dass Sie schon bald die Position finden, die Ihren Vorstellungen entspricht. Dabei wünschen wir Ihnen Glück und Erfolg."

8.4 Vorstellungsgespräche

So bereiten Sie Ihre Gespräche vor

- Was will ich erreichen?
- Welches ist mein äußerstes Ziel?
- Welches ist mein Minimalziel?

- Was wäre ein guter Kompromiss?
- Was wäre der schlechteste Kompromiss?
- Welche Informationen benötige ich für das Gespräch?
- Wie fange ich an?
- Wie viel Zeit räume ich ein?
- Will ich Zugeständnisse machen?
- Was darf auf keinen Fall geschehen?

Checkliste: Die Mappe für das Bewerbungsgespräch

Bereit liegen sollten:	✓ Vorhanden:
ein Organisationsplan (anschaulich für den Bewerber, also vereinfacht)	
Sonstiges Anschauungsmaterial (Prospekte, Fotos vom Werk, von den Produkten)	
Tarifverträge, Gehaltstabellen, Zuschlagtabellen	
Liste aller Zuwendungen und Sozialleistungen	
firmeninterne Weiterbildungsprogramme	
Liste aller Argumente, die für die Firma/Abteilung/Stelle sprechen	
der Interviewleitfaden	
Fragelisten zu bestimmten Anforderungsmerkmalen	
Auswertungsformblätter	
die Checkliste: Vorbereitung auf das Bewerbungsgespräch	

Übersicht: Vorbereitung auf das Vorstellungsgespräch

Liegen operationale Anforderungsmerkmale vor?	– Sind sie definiert und abgestimmt mit den anderen Gesprächspartnern?
Ist die Stellenbeschreibung klar?	– Welche typischen Arbeiten? (Was ist für den Bewerber wichtig zu wissen?) – Wer ist der Vorgesetzte? – Welche unterstellten Mitarbeiter? – Vollmachten, Befugnisse?
Gehalt und Sozialleistungen:	– Grundgehalt, Gehaltsbestandteile, Spielraum – Sozialleistungen: Deputate, Wohnungen, Gesundheitsfürsorge, Mietzuschüsse, Fahrgeld, Belegschaftsaktien, Altersversorgung
Weiterbildungs- und Entwicklungsmöglichkeiten:	– Firmeninterne Weiterbildung (Programm zeigen), – Zertifikatsmöglichkeiten, – Durchschnittsalter der Führungskräfte
Argumente, die für die Firma sprechen:	– zum Beispiel: Betriebsklima, zentrale Lage, Lage im Grünen, Schulverhältnisse, Freizeitwert, Kulturangebot, Renommé der Firma, des Produkts, Führungsleitbilder, C.I.
Argumente, die gegen die Firma sprechen:	– Bin ich darauf vorbereitet?
Unterlagen:	– Interviewleitfaden, Notizpapier, Bewerberunterlagen, Informationsmaterial, Terminkalender, Organigramm, typische Produkte und sonstiges Anschauungsmaterial, Reisekostenvordrucke, Auswertungsformulare

Checkliste: Den Bewerber gut vorbereiten

Im Einladungsschreiben oder im Telefonat sollte der Bewerber über folgende Punkte informiert werden:	✓ Erledigt:
Zeit des Vorstellungsgesprächs	
voraussichtliche Dauer	
Ort des Gesprächs beziehungsweise wo der Bewerber empfangen wird	
wie er dort hinkommt	
wer ihn empfängt und mit wem er sprechen wird	
Modalitäten der Reisekostenerstattung	
was er mitbringen soll, zum Beispiel: Zeugnisse, Arbeitsproben, fehlende Unterlagen	

Äußere Bedingungen für ein Bewerbungsgespräch

- Bewerber nicht warten lassen! (Zumindest die Zeit mitteilen, wann er mit dem Gesprächsbeginn rechnen kann.)
- Keine Unterbrechungen einplanen!
- Telefon umstellen!
- Keine Hektik vermitteln!
- Ruhige Umgebung.
- Einzeln empfangen! Nicht mit einer Vielzahl von Personen (Gremium) konfrontieren)
- „Gleichberechtigte" Sitzgelegenheiten!
- Nicht hinterm Schreibtisch verstecken, am runden Tisch sitzen!
- Bewerber nicht gegen das Licht setzen!

8.5 Auswertung von Vorstellungsgesprächen

Personalfragebogen

- Stellen Sie sich in zwei Minuten kurz vor.
- Warum möchten Sie wechseln? Was gefällt Ihnen nicht an Ihrer Stelle? Was gefällt Ihnen besonders?
- Beschreiben Sie Ihr derzeitiges Aufgabengebiet.
- Warum haben Sie den Arbeitgeber gewechselt? (Firma)
- Welche Anstellung hat Ihnen bis jetzt am besten gefallen und warum?
- Was hat Sie bewogen, sich bei uns zu bewerben? Was interessiert Sie daran? Was hat Sie an der Stellenausschreibung interessiert?
- Was stellen Sie sich unter … vor? (wichtige Tätigkeitsbereiche des Stellenangebotes)
- Wie würden Sie sich selbst einschätzen? Warum halten Sie sich für diese Stelle geeignet?
- Wie würden Ihr derzeitiger Arbeitgeber/Freunde Sie charakterisieren?
- Wo sehen Sie Ihre Stärken/Ihre Schwächen?
- Was machen Sie nicht so gerne? Was würden Sie nicht machen?
- Was würden Sie am liebsten machen? Wenn Sie noch einmal von vorne anfangen könnten?
- Wann ist es für Sie „Stress"? Wie gehen Sie mit Stress um? Wie motivieren Sie sich?
- Geben Sie eine Situation an, in der Sie sehr gut organisierten und flexibel reagierten.
- Geben Sie ein Beispiel für eine Situation, wo positive Grundeinstellung ein Muss ist.
- Was erwarten Sie von Ihrem Chef? Wie stellen Sie sich einen guten Chef vor?
- Wie gut sind Ihre Computerkenntnisse, welche haben Sie?
- Was tun Sie in Ihrer Freizeit?
- Wie wichtig ist Ihnen ein Bekanntenkreis/Ihre Familie?
- Wieweit akzeptieren Sie Überstunden?
- Wie mobil sind Sie?
- Wohin wollen Sie sich entwickeln?
- Was haben Sie bis jetzt für Ihre Weiterbildung getan? Was würden Sie gerne noch lernen?
- Welches sind Ihre Gehaltsvorstellungen? Womit rechtfertigen Sie Ihre Gehaltsvorstellung?
- Wie schnell können Sie sich von Ihrer jetzigen Firma lösen?

Auswertung von Vorstellungsgesprächen

Übersicht: Fazit Gesprächsverlauf

Name:

Gehaltsvorstellung:

Kündigungsfrist:

Möglicher Eintrittstermin:

Empfehlung 2. Gespräch: ja ☐   nein ☐

Testergebnisse:

Persönlicher Eindruck:

Fachlicher Eindruck:

Diese Übersicht können Sie unter http://www.springer.com auf der Seite zum Buch unter „Zusätzliche Informationen" herunterladen, speichern und bearbeiten.

Übersicht: Auswertung des Bewerbungsgesprächs

Stelle:	
Name des Bewerbers:	
Datum und Uhrzeit des Bewerbungsgesprächs:	
Teilnehmer:	

Bewertungsskala (von 1/sehr gut bis 7/ungeeignet):

	Gewichtung:	Bewertung:	Produkt aus Gew. x Bew.:
Fachliche Anforderungsmerkmale:			
einschlägige Ausbildung (Schule, Lehre, Studium)			
einschlägige Weiterbildung (Kurse, Seminare			

Arbeitgeberzeugnisse, Referenzen			
Facherfahrung in der Praxis			
Weitere fachliche Anforderungen od. Spezialeigenschaften)			
Summe fachliche Beurteilung:			
Nichtfachliche Anforderungsmerkmale:			
Teamfähigkeit/Kooperationsfähigkeit			
Führungsfähigkeit/-erfahrung			
Gestaltungswille/Kreativität			
Belastbarkeit			
Selbstwahrnehmung/„Reife"			
Erscheinungsbild			
Individueller Eignungsgesamteindruck der Gesprächsteilnehmer (Gefühlsmäßige Einschätzung)			
Summe nichtfachliche Beurteilung:			

Gesamtsumme:	

Diese Übersicht können Sie unter http://www.springer.com auf der Seite zum Buch unter „Zusätzliche Informationen" herunterladen, speichern und bearbeiten.

Häufige Fehler bei der Personalauswahl

- Fehlendes Anforderungsprofil
- Stellenausschreibung an ungeeigneter Stelle

- Stellenanzeige nicht geschlechtsneutral
- Keine Referenzen eingeholt
- Einsatz von ungeeigneten Einstellungstests
- Der Einstellende redet im Vorstellungsgespräch mehr als der Bewerber
- Vorurteile aufgrund der Erscheinung oder eines bestimmten Merkmales
- Einstellung eines Bewerbers, von dem Sie nicht voll überzeugt sind

8.6 Einarbeitung neuer Mitarbeiter

Checkliste: Vor dem ersten Arbeitstag

To Do:	verantwortlich	✓ erledigt
Hat der Arbeitnehmer seinen Arbeitsvertrag erhalten?		
Hat er eine Liste mit den benötigten Unterlagen erhalten?		
Wurde dem Mitarbeiter rechtzeitig mitgeteilt, wann er sich am ersten Tag einzufinden hat?		
Wurde dem Mitarbeiter rechtzeitig mitgeteilt, bei wem er sich zu melden hat am ersten Tag?		
Parkmöglichkeiten?		
Hat der Arbeitnehmer vorab Informationen zum Unternehmen erhalten: Unternehmensbroschüre, Pressemappe, Mitarbeiterzeitung, Firmenphilosophie, Geschäftsbericht?		
Zwischen Einstellungsgespräch und dem ersten Arbeitstag liegen Geburtstag, Weihnachten oder Ostern: Karte an neuen Mitarbeiter schicken.		
Sehr lange Zeit zwischen dem Einstellungsgespräch und dem ersten Arbeitstag: Zum ersten Treffen ins Unternehmen einladen.		
Einstellung mehrerer neuer Mitarbeiter gleichzeitig: gemeinsame Einführungsveranstaltungen.		

Diese Checkliste können Sie unter http://www.gabler.de/Privatkunden/OnlinePLUS.html herunterladen, speichern und bearbeiten.

Checkliste: Der neue Arbeitsplatz

To Do:	verantwortlich	✓ erledigt
Arbeitsplatz ist sauber und aufgeräumt?		
Ist das Telefon eingerichtet?		
Liegt auf dem Schreibtisch eine Bedienungsanleitung für das Telefon und eine Telefonliste des Unternehmens?		
Liegen für den neuen Mitarbeiter alle Kontaktdaten bereit (z. B. Postfachadresse, Faxnummer, seine Durchwahl)?		
Ist die benötigte Hardware (Computer, Drucker, Scanner et cetera) aufgestellt und angeschlossen?		
Ist die benötigte Software installiert?		
Liegen die Zugangsdaten für die benötigten Programme vor?		
Wurde ein E-Mail-Account für den neuen Mitarbeiter eingerichtet?		
Ist der Schreibtisch vollständig ausgestattet (Schreibwerkzeug, Notizpapier, Geschäftspapier, Kalender, Arbeitsunterlagen et cetera)		
Liegen gegebenenfalls Schutzausrüstung und Schutzkleidung für den Mitarbeiter vor?		
Liegt ein Betriebsausweis oder Schlüssel für den neuen Mitarbeiter vor?		
Wurden die Kollegen über die Ankunft des Neuen und seine Aufgaben informiert? Bitte Sie alle Mitarbeiter, den neuen Kollegen freundlich zu empfangen und seinen Fragen aufgeschlossen gegenüber zu sein		
Wurde der Neue gegebenenfalls im Intranet vorgestellt?		

Diese Checkliste können Sie unter http://www.gabler.de/Privatkunden/OnlinePLUS.html herunterladen, speichern und bearbeiten.

8.7 Einarbeitung neuer Mitarbeiter

> Tipp:
>
> Erstellen Sie, wenn möglich, ein Handbuch für neue Mitarbeiter, das Sie diesen zur Verfügung stellen. In diesem Handbuch sollten grundsätzlich Informationen über Ihr Unternehmen enthalten sein, und diese sollten natürlich immer auf dem neuesten Stand sein.

Checkliste: Handbuch neue Mitarbeiter

Diese Informationen sollten im Handbuch enthalten sein:	✓ Enthalten:
Name der Geschäftsführer, Vorstände, gegebenenfalls Funktion. Wo sitzen sie?	
Organigramm Ihres Unternehmens	
Wer ist für Folgendes zuständig: Büromaterial, Visitenkarten, Schlüssel, Probleme mit der EDV, Computer-Passwörter, Dienstwagen et cetera?	
Welche Regelungen gibt es für die einzelnen oben genannten Punkte? (Tipp: Gibt es in Ihrem Unternehmen Antragsformulare für bestimmte Dinge, legen Sie jeweils ein Formular als Muster und Ausfüllhilfe bei.)	
Gibt es Ethikregeln, zum Beispiel für die Annahme von Geschenken oder die Privatnutzung von Telefon und Internet?	
Wann wird das Gehalt ausgezahlt?	
Wann werden Sonderleistungen ausgezahlt?	
Welche Vergütungsbestandteile gibt es? Gibt es eine betriebliche Altersvorsorge?	
Wie werden Mitarbeiterbeurteilungen gehandhabt?	
Gibt es einen für alle verbindlichen Betriebsurlaub oder für bestimmte Zeiten Urlaubssperren?	
In welchen Fällen wird Sonderurlaub gewährt?	
Gibt es Kernarbeitszeiten, wie werden Überstunden gehandhabt?	
Welche Fortbildungsmaßnahmen werden geboten? Unter welchen Bedingungen?	

Diese Informationen sollten im Handbuch enthalten sein:	✓ Enthalten:
Welche Regelungen gibt es für Krankheiten?	
Wie werden Dienstreisen gehandhabt?	
Wer ist Ansprechpartner in der Personalabteilung? Durchwahl und Sprechzeiten?	
Welche Bestimmungen gibt es zum Datenschutz? Welche Schweigepflichten bestehen?	
Welche Sicherheits- und Unfallverhütungsvorschriften müssen beachtet werden?	
Wer ist Sicherheitsfachkraft/Sicherheitsbeauftragter im Betrieb? Wo sitzt er? Hat er bestimmte Sprechzeiten?	
Wer ist in Notfällen zu benachrichtigen?	
Wer ist der Betriebsarzt? Hat er bestimmte Sprechzeiten? Sitzt er gegebenenfalls im Betrieb?	
Wer sind die Ersthelfer?	
Welches ist die zuständige Berufsgenossenschaft?	
Gibt es einen Betriebsrat? Wer ist Betriebsratsvorsitzender? Wie ist er zu erreichen?	
Gibt es ein schwarzes Brett, über das der Mitarbeiter sich stets über die Neuerungen im Haus informieren muss?	
Wie kann sich der Mitarbeiter in das Intranet einloggen?	
Wo befindet sich die Kantine, wann hat sie geöffnet?	
Welche Pausenregelungen gibt es?	
Wird Betriebssport geboten? Wer ist hier Ansprechpartner?	
Gibt es ein betriebliches Vorschlagswesen?	
Sonstiges:	

Diese Checkliste können Sie unter http://www.gabler.de/Privatkunden/OnlinePLUS.html herunterladen, speichern und bearbeiten.

Checkliste: Individuelles Handbuch für den neuen Mitarbeiter

Erweiterte Informationen:	✓ Enthalten:
Einordnung der jeweiligen Stelle in das Organigramm des Unternehmens, wer ist wem weisungsbefugt?	
Stellenbeschreibung	
Erläuterung von Arbeitsabläufen und Zusammenhängen	
Gibt es regelmäßige interne Veranstaltungen (Abteilungsbesprechungen et cetera)? Wo und wann finden sie statt?	
Muster der am Arbeitsplatz verwendeten Formulare und Ausfüllhilfen	
Checkliste für die Aufgaben am Arbeitsplatz	
Erläuterung des Ablage- und Archivierungssystems	

> **Tipp:**
>
> Erstellen Sie schon vorab einen Einarbeitungsplan für den Mitarbeiter und informieren Sie rechtzeitig alle Betroffenen. Beziehen Sie in die Vorbereitung die Vorgesetzten und Kollegen ein, um die Einarbeitung möglichst reibungslos verlaufen zu lassen. Erstellen Sie diese Pläne individuell und berücksichtigen Sie die Vorkenntnisse ebenso wie die zukünftigen Aufgaben.
>
> Lassen Sie den Neuen ruhig das Haus durchlaufen. So gewinnt er einen besseren Überblick über das Unternehmen, lernt die Ansprechpartner persönlich kennen und wird sich besser einarbeiten. Sprechen Sie die Termine langfristig ab, damit die Kollegen, die die Einarbeitung vornehmen sollen, auch genügend Zeit für den Neuen aufbringen und sich vorbereiten können.

Checkliste: Einarbeitungsplan

Unbedingt zu erledigen:

- ✓ Klären, welche Unterlagen noch fehlen.
  (Mitarbeiter bitten, diese an seinem ersten Tag mit zu bringen)
- ✓ Führen Sie in einem Einarbeitungsplan alle Abteilungen auf, die der neue Mitarbeiter durchlaufen soll. Stellen Sie sicher, dass der Plan eingehalten wird, bzw. dass Änderungen sofort allen Beteiligten mitgeteilt werden. Händigen Sie den Plan dem Neuen am ersten Tag aus.

- ✓ Alle Abteilungen nennen, die der neue Mitarbeiter durchlaufen soll.
- ✓ Sicherstellen, dass der Plan eingehalten wird oder Änderungen sofort allen Beteiligten mitgeteilt werden.
- ✓ Plan dem Neuen am ersten Tag aushändigen.
- ✓ Legen Sie für jede Abteilung fest:
  - Abteilung/Ort
  - Ansprechpartner
  - Zeitraum
  - Kenntnisse, die vermittelt werden sollen
  - Ziel der Einarbeitung
  - Schulungen/Trainingsmaßnahmen

Die Angaben richten sich nach dem Umfang des Einblicks, den der Mitarbeiter erhalten soll. Soll nur ein Eindruck vermittelt werden oder müssen alle Details am Ende beherrscht werden? Kennzeichnen Sie dies im Feld „Ziel" über Ziffern von 1 bis 10: 1 für „Einblick", 10 für „muss im Anschluss beherrscht werden". Gestalten Sie den Plan möglich detailliert. Die Einarbeitungsphase kann durchaus über zwei Wochen und länger reichen.

- ✓ Am Abschluss der Einarbeitungsphase sollte der Mitarbeiter genau wissen, was und wie er etwas zu tun hat. Er kennt zumindest alle Kollegin, die mit ihm in einem Team arbeiten und mit denen er regelmäßig zusammenarbeitet.
- ✓ Legen Sie besonderen Wert auf die Belehrung über die von der Arbeit ausgehenden Unfall- und Gesundheitsgefahren und klären Sie den neuen Mitarbeiter über die Schutzeinrichtungen auf.
- ✓ Im Idealfall stellen Sie Ihrem neuen Mitarbeiter einen „alten Hasen" als Mentor zur Seite.

Checkliste: Ablauf des ersten Tags planen

To Do:	✓ erledigt
Informieren Sie Ihren Pförtner und holen Sie oder ein Mitarbeiter den Neuen am Eingang ab (dann irrt er nicht durch das ihm unbekannte Gebäude). Stellen Sie ihm zur Begrüßung einen Blumenstrauß auf den Schreibtisch/die Werkbank.	
Das Einführungsgespräch ist Chefsache. Nehmen Sie sich genügend Zeit für das erste Gespräch mit Ihrem neuen Mitarbeiter. Erläutern Sie ihm seine Position im Unternehmen, klären Sie die nächsten Schritte mit ihm ab und sagen Sie ihm, was Sie von ihm erwarten. Machen Sie ihm klar, dass er jederzeit Fragen stellen darf und soll.	

To Do:	✓ erledigt
Stellen Sie ihn dem direkten Vorgesetzten und den Kollegen vor, begleiten Sie ihn bei seiner Begrüßungsrunde durch das Haus.	
Zeigen Sie ihm wichtige Räumlichkeiten (Toiletten, Sozialräume, Garderobe et cetera).	
Wo gibt es Wasser, Kaffee und Ähnliches?	
Sorgen Sie dafür, dass ein Ansprechpartner für ihn da ist.	
Bitten Sie einen oder mehrere Kollegen, den neuen Mitarbeiter mit in die Mittagspause/Kantine zu nehmen.	
Erläutern Sie dem neuen Mitarbeiter die allgemeinen Verhaltensregeln im Betrieb (Anreden, Titel, Rauchen et cetera)	
Bringen Sie den Mitarbeiter zu seinem Arbeitsplatz und erteilen Sie ihm erste Aufgaben oder bringen Sie ihn zur ersten Station seines Einarbeitungsplans.	
Vereinbaren Sie gleich am ersten Tag einen Termin für ein Feedback-Gespräch nach circa vier Wochen.	

Übersicht: Erster Arbeitstag

Daten:	
Name:	
Eintrittsdatum:	
Funktion (lt. Stellenbeschreibung):	
Abteilung/Arbeitsgruppe:	
Vorgesetzter und dessen Stellvertreter:	
Pate (Betreuer) für die Einarbeitungsphase:	

To Do:

Begrüßung/Empfang des neuen Mitarbeiters

Basisinformationen über das Unternehmen: Historie, Tätigkeitsschwerpunkte, Stärken und Schwächen des Betriebes, Wachstumsphasen, Krisenzeiten, Zielvorstellung

Darstellung der Unternehmensphilosophie: Ist-Situation, mittel- und langfristige Ziele, Wettbewerbslage, Qualitätsprobleme, Zielgruppen, Ausbau der Organisation, allgemeine und firmenbezogene Konjunkturlage

Vorstellung bei der Geschäftsleitung, im Beisein des Vorgesetzten

Vorstellung beim Betriebsrat

Vorstellung am Arbeitsplatz, Rundgang durch den Betrieb

Mit den betriebsspezifischen Umgangsformen vertraut machen: Anrede (Titel?), Art der firmenüblichen Begrüßung, Verhalten bei Geburtstagen, Feiern im Betrieb

Einweisung in die Unfallverhütungsvorschriften: am Arbeitsplatz und im Betrieb allgemein

Erste Einweisung am Arbeitsplatz, Beschaffung von Arbeitsmitteln

Aufklärung über das betriebliche Maß an Pünktlichkeit, Schnelligkeit der Reaktion gegenüber Vorgesetzten

Bei Gleitzeit: Übliche Zeiteinteilung und Abstimmung mit den Gruppenmitgliedern

Allgemeine Organisation und Ordnung im Betrieb; Gang zum Arzt; Behördengänge; Betreten und Verlassen des Betriebes; Regeln bezüglich der Firmenparkplätze; günstige Verkehrsverbindungen; Einkaufsmöglichkeiten; Wohnungsmarkt

Soziale Einrichtungen des Betriebes

Vorstellung bei der Personalabteilung, Besprechung der Zahlung des Gehaltes und des Urlaubsgeldes; Verhalten im Krankheitsfall, Urlaub und Urlaubsantrag, Tarifvertrag, Weiterbildungsmöglichkeiten, Arbeitszeit und Pausenregelung

Verbesserungsvorschlagswesen, allgemeine Ermunterung zur konstruktiven Kritik am Bestehenden, Meckerkasten et cetera

Betrieb und Freizeit: Sportgruppen, Kegelclub et cetera

Kontrollgespräch/Erfolgskontrolle: Beobachtung des neuen Mitarbeiters; wurden die vereinbarten Ziele erreicht?

Diese Übersicht können Sie unter http://www.springer.com auf der Seite zum Buch unter „Zusätzliche Informationen" herunterladen, speichern und bearbeiten.

8.8 Der Arbeitsvertrag

> **Tipp:**
> Seit Juni 1955 besteht aufgrund des Nachweisgesetzes die Verpflichtung, den wesentlichen Inhalt eines Arbeitsvertrages nach einem Monat der Beschäftigung schriftlich festzuhalten. Es müssen nach § 2 Nachweisgesetz im Arbeitsvertrag oder in der Niederschrift des Arbeitgebers über die geltenden Arbeitsbedingungen folgende Angaben in jedem Fall enthalten sein.

Checkliste: Was in den Arbeitsvertrag gehört

Der Arbeitsvertrag muss enthalten:	✓ Enthalten:
Name und Anschrift der Arbeitsvertragsparteien	
Zeitpunkt des Beginns des Arbeitsverhältnisses	
Bei befristeten Arbeitsverträgen die vorhersehbare Dauer des Arbeitsverhältnisses	
Arbeitsort: Soll der Arbeitnehmer an verschiedenen Arbeitsorten tätig werden, beispielsweise als Monteur, muss ein entsprechender Hinweis enthalten sein	
Bezeichnung oder allgemeine Beschreibung der auszuübenden Tätigkeit	
Zusammensetzung und Höhe des Arbeitsentgelts einschließlich der Zulagen, Prämien und Sonderzahlungen sowie anderer Bestandteile des Arbeitsentgeltes und deren Fälligkeit	
Vereinbarte Arbeitszeit	
Dauer des jährlichen Erholungsurlaubs	
Fristen für die Kündigung des Arbeitsverhältnisses	
Ein in allgemeiner Form gehaltener Hinweis auf die Tarifverträge, Betriebs- oder Dienstvereinbarungen, die auf das Arbeitsverhältnis Anwendung finden	

Der Arbeitsvertrag muss enthalten:	✓ Enthalten:
Bei einem Auslandsaufenthalt (länger als einen Monat im Ausland): — Dauer der im Ausland auszuübenden Tätigkeit — Währung, in der das Arbeitsentgelt gezahlt wird — Zusätzliches mit dem Auslandsaufenthalt verbundenes Arbeitsentgelt und damit verbundene zusätzliche Sachleistungen — Vereinbarte Bedingungen für die Rückkehr des Arbeitnehmers	
Information zu Vertragsstrafen, Sicherheit und Wettbewerbsverbot	
Altersversorgung, Umzug, Nebentätigkeit, Geheimhaltung und anderes	

> Tipp:
>
> Ein Arbeitsvertrag wird immer von Arbeitgeber und Arbeitnehmer unterschrieben. Die Niederschrift über die geltenden Arbeitsbedingungen ist dagegen nur eine einseitige Bestätigung des Arbeitgebers und wird daher nur von diesem unterschrieben.
>
> Nach den unterschiedlichen Rechtsfolgen unterteilt man die Mängel in solche, die eine Nichtigkeit bewirken und solche, die den Vertrag anfechtbar machen.

Übersicht: Mängel bei Abschluss des Arbeitsvertrages

Nichtigkeit wird bewirkt bei:	
Sittenwidrigkeit:	— Verstoß gegen die guten Sitten — Übermäßige Einschränkung und wirtschaftliches Risiko — Übermäßige Bindung (z. B. durch Wettbewerbsverbote, Verschwiegenheitspflichten
Wucher:	— Bei Missverständnis von Wert der Arbeitsleistung zu Entgelt (Teilnichtigkeit der Lohnvereinbarung)

Anfechtbarkeit wird bewirkt bei:	
Arglistige Täuschung:	— Durch bewusst falsche Angaben bei zulässiger Frage — Bei Verschweigen offenbarungspflichtiger Tatsachen
Irrtum:	— Eigenschaftsirrtum – bestimmte Eigenschaften waren unklar, aber wichtig für das Arbeitsverhältnis (z. B. Krankheit oder Schwangerschaft, die die Arbeitsleistung unmöglich macht)
Drohung:	

8.9 Die Personalakte

Checkliste: Zusammenstellung von Personalakten von A bis Z

A
- ✓ Abfindung
- ✓ Abmahnungen/Verweise
- ✓ Allgemeiner Schriftverkehr
- ✓ Altersversorgung/Versicherungen
- ✓ Änderungen der Bezüge
- ✓ Arbeitserlaubnis (bei ausländischen Arbeitnehmern)
- ✓ Arbeitsgerichtliche Vorgänge
- ✓ Arbeitsplatzbeschreibung
- ✓ Arbeitsunfähigkeit
- ✓ Arbeitsvertrag
- ✓ Ärztliches Zeugnis/Gutachten
- ✓ Aufwandsentschädigung
- ✓ Arbeitgeberdarlehen
- ✓ Anmeldungen, Jahresmeldungen, Unterbrechungsmeldungen zur Krankenkasse usw.
- ✓ Aus- und Weiterbildungsunterlagen (z. B. Teilnahmebescheinigungen, Zeugnisse usw.)

B	✓	Bewerbungsunterlagen
	✓	Beendigung des Arbeitsverhältnisses
	✓	Beförderungen, Versetzungen
	✓	Bescheinigungen wie z. B.: Freistellungserklärung des Finanzamts bei 400-Euro-Kräften
	✓	Besondere Eigenschaften
	✓	Beurteilungen
	✓	Bankverbindung des Mitarbeiters
D	✓	DEVO-Meldung Arbeitgeber
E	✓	Einstellungsuntersuchung
	✓	Einstellungsfragebogen
	✓	Empfangsbestätigungen (Firmeneigentum)
	✓	Erfindungen/Verbesserungen
F	✓	Familienstand, Adressenänderungen
	✓	Firmen-Pkw/KFZ-Unfallmeldungen
	✓	Fortbildungen
G	✓	Grundbezüge/Zulagen
J	✓	Jubiläumsgeld
L	✓	Lebenslauf
	✓	Lohnsteuerkarte
	✓	Lohnsteuerersatzbescheinigung
	✓	Leistungsbeurteilungen
M	✓	Mitgliedsbescheinigungen Krankenkasse
	✓	Mitteilung an den Betriebsrat
	✓	Mutterschutz/Kuren
P	✓	Personalstammblatt/-karte
	✓	Polizeiliches Führungszeugnis
R	✓	Rentenversicherungs-Unterlagen

Die Personalakte

S	✓	Schriftwechsel nach Ausscheiden
	✓	Schwerbehinderten-Unterlagen
	✓	Sonderurlaub
	✓	Sondervergütungen/Beihilfen
	✓	Sozialversicherungsausweis
	✓	sonstiges wie zum Beispiel: Schwerbehindertenausweis, Unterlagen zu Wehr- und Ersatzdienst, Urlaubs- und Fehlzeiten, persönlicher Schriftwechsel
U	✓	Unfallschutz
	✓	Urlaub
V	✓	Vermögenswirksame Leistungen
	✓	Vertragsänderungen
	✓	Vollmachten, Nebentätigkeiten
	✓	Vorschüsse/Darlehen/Pfändungen
W	✓	Wehrdienst
Z	✓	Zwischenzeugnis
	✓	Zeugnisse

Tipp:

Vorteil in kleineren Betrieben: In einem kleineren Betrieb kann die Personalakte zentral an einem Ort geführt werden, da die Wege meistens kurz sind. In etwas größeren Unternehmen empfiehlt es sich, die Personalakte aufzuteilen und die Aktenführung so zu organisieren, wie es betrieblich zweckmäßig ist (z. B.: Entgelt-Abrechnungsunterlagen in der Buchhaltung; Fort- und Weiterbildungsunterlagen beim Fachvorgesetzten).

Übersicht: Beleggruppen in der Personalakte

Arbeitsvertragsgestaltenden Dokumente:	
Personalbelege:	Personenbezogene Unterlagen wie: – Personalbogen – Zeugnisse – Ärztliche Stellungnahmen – Polizeiliches Führungszeugnis

Vertragsbelege:	Unterlagen, welche sich auf das Arbeitsverhältnis beziehen, wie: – Arbeitsvertrag – Vertragsänderungen – Beförderungen – Entgeltänderungen
Tätigkeitsbelege:	Geben über die Historie der Mitarbeiter im Unternehmen Auskunft. Zum Nachweis der ausgeführten Tätigkeiten werden Versetzungsmeldungen aufbewahrt.

8.10 Mitarbeiterbeurteilungen

Checkliste: Das Anerkennungsgespräch

- ✓ Nehmen Sie Anerkennung als ausschließlichen Gesprächsanlass.
- ✓ Geben Sie dem Mitarbeiter die Möglichkeit, sich selbst darzustellen.
- ✓ Streben Sie eine ausgewogene Gesprächsverteilung an (50/50).
- ✓ Signalisieren Sie Aufmerksamkeit durch Zwischenrückmeldungen.
- ✓ Zeigen Sie persönliches Interesse an Ihrem Mitarbeiter.
- ✓ Geben Sie ihm die Gewissheit, dass Arbeit und Zielerreichung gesehen wurden.
- ✓ Würdigen Sie die Leistung Ihres Mitarbeiters.
- ✓ Informieren Sie ihn über Einzelheiten und heben Sie besondere Punkte hervor.
- ✓ Verwenden Sie keine Floskeln.
- ✓ Lassen Sie ihn wissen, dass Sie die besonderen Schwierigkeiten kennen, die er überwinden musste.
- ✓ Sprechen Sie die Anerkennung deutlich aus.
- ✓ Geben Sie ihm auch das Gefühl, dass es sich für ihn immer lohnt, wenn er sich einsetzt. Machen Sie aber dabei keine leeren Versprechungen, lassen Sie keine unberechtigten Hoffnungen aufkommen.

Checkliste:	Feedback bei Mitarbeitergesprächen

Gutes Feedback bei Mitarbeitergesprächen ist:

- ✓ eher beschreibend als bewertend und interpretierend
- ✓ eher konkret als allgemein
- ✓ eher einladend als zurechtweisend
- ✓ eher verhaltens- als charakterbezogen
- ✓ eher erbeten als aufgezwungen
- ✓ eher sofort und situativ als verzögert und rekonstruiert
- ✓ eher klar und pointiert als verschwommen und vage
- ✓ eher durch Dritte überprüfbar als auf die Vier-Augen-Situation beschränkt

Mitarbeiterbeurteilung

In der betrieblichen Praxis werden zwei Arten der Personalbeurteilung unterschieden:

1. die sämtliche Mitarbeiter zu einem bestimmten Stichtag erfassende periodische Beurteilung

    Die alle Mitarbeiter eines Unternehmens erfassende periodische Beurteilung dient dazu, den Entwicklungsstand und die Einsatzmöglichkeiten der gesamten Belegschaft zu ermitteln. In der Regel werden dabei sämtliche Mitarbeiter in einem regelmäßigen Turnus von einem bis zwei Jahren beurteilt

2. die Beurteilung aus einem konkreten Anlass, die nur den Mitarbeiter betrifft, für den der Anlass zutrifft.

Weitere konkrete Anlässe, die eine systematische Personalbeurteilung erfordern:

- Ablauf der Probezeit
- Versetzungen
- Beförderungen
- Lohn- und Gehaltserhöhungen
- Disziplinarmaßnahmen
- betriebsnotwendige Entlassungen
- Zeugnisausstellungen

Welche Merkmale sind zu beachten?

- Es müssen alle für die Tätigkeit wichtigen Merkmale und nur diese erfasst werden (Prinzip der Vollständigkeit).
- Die Merkmale müssen sich deutlich voneinander abheben (Prinzip der Eindeutigkeit).
- Das Merkmalsystem muss als geschlossenes System angelegt sein (Prinzip der Ganzheit).
- Das Merkmalsystem muss so aufgebaut sein, dass es ohne psychologische Fachkenntnisse anwendbar ist (Prinzip der Praktikabilität).

Checkliste: Bewertungskriterien

Fachliche Kenntnis:	✓ Fachkenntnisse
	✓ Fertigkeiten
Allgemeine Fähigkeiten:	✓ Auffassungsgabe
	✓ Ausdrucksvermögen
	✓ Dispositionsvermögen
	✓ Improvisationsvermögen
	✓ Kreativität
	✓ Verhandlungsgeschick
Arbeitsstil:	✓ Arbeitsgüte
	✓ Arbeitsplanung
	✓ Arbeitstempo
	✓ Aufmerksamkeit
	✓ Ausdauer
	✓ Belastbarkeit
	✓ Einsatzbereitschaft
	✓ Genauigkeit
	✓ Initiative
	✓ Kostenbewusstsein
	✓ Materialbehandlung
	✓ Ordentlichkeit
	✓ Pünktlichkeit
	✓ Verhalten gegenüber Außenstehenden

Teamfähigkeit:	✓ Auftreten
	✓ Einweisen neuer Mitarbeiter
	✓ Gruppeneinordnung
	✓ Informationsintensität
	✓ Kontaktvermögen
	✓ Umgangsformen
	✓ Verhalten gegenüber Mitarbeitern
	✓ Verhalten gegenüber Vorgesetzten
Führungsqualitäten: (bei Vorgesetztenfunktionen)	✓ Delegationsvermögen
	✓ Durchsetzungsvermögen
	✓ Entscheidungsfähigkeit
	✓ Förderung und Entwicklung von Mitarbeitern
	✓ Gerechtigkeitssinn
	✓ Motivationsfähigkeit
	✓ Persönliche Integrität
	✓ Repräsentation
	✓ Selbstbeherrschung
	✓ Verantwortungsbewusstsein
	✓ Vertrauenswürdigkeit
	✓ Zielsetzung

8.11 Gründe für Abmahnungen

Definition Abmahnung

- Hinweis auf Verletzung arbeitsvertraglicher Pflichten unter Hinweis auf arbeitsrechtliche Folgen bei weiteren Verstößen
- nicht mitbestimmungspflichtig
- in der Regel Voraussetzung für ordentliche Kündigung
- Betriebsbuße, zum Beispiel Verwarnung, Verweis, oder Sanktion (mitbestimmungspflichtig)

Beispielformular: Abmahnung wegen Verstoß gegen arbeitsvertragliche Pflichten

	Firmenstempel:
Personalien:	
Name:	
Vorname:	
Beschäftigt als:	
Abteilung/Werk:	

Grund für Abmahnung:

Wir müssen Sie bedauerlicherweise – bereits zum wiederholten Male* – an die Einhaltung Ihrer arbeitsvertraglichen Pflichten erinnern.

Nachfolgender Sachverhalt:

–

–

–

bedeutet ein arbeitswidriges Verhalten Ihrerseits, das von uns in dieser Form nicht hingenommen werden kann.

Wir müssen Sie dringend bitten, sich an Ihre arbeitsvertraglichen Verpflichtungen zu halten.

Wir weisen Sie nachdrücklich darauf hin, dass wir uns andernfalls vorbehalten, das Arbeitsverhältnis mit Ihnen zu lösen.

Ein Durchschlag dieser Abmahnung wird in Ihre Personalakten genommen und dem Betriebsrat zur Kenntnis übersandt. *

_____, den _____   _____
                                                                                      Firma

*) Nichtzutreffendes streichen

Dieses Formular können Sie unter http://www.gabler.de/Privatkunden/OnlinePLUS.html herunterladen, speichern und bearbeiten.

Die häufigsten Gründe für Abmahnungen

- Häufige Unpünktlichkeit
- Unentschuldigtes Fehlen
- Arbeitsvertragliche Aufgaben werden nicht oder nicht vollständig erbracht
- Arbeitsverweigerung
- Alkoholbedingtes Fehlverhalten
- Unerlaubte Nebentätigkeit
- Fehlende Führungsqualitäten
- Verletzung der Anzeigepflicht bei Krankheiten
- Eigenmächtiger Urlaubsantritt
- Eigenmächtige Urlaubsverlängerung
- Weigerung des Arbeitnehmers in Notfällen andere als vertraglich vereinbarte Arbeiten zu übernehmen und auszuführen
- Häufige Fehlzeiten durch Arbeitsbummelei
- Wiederholte Nichterfüllung von Zielvorgaben (etwa Umsatzziele im Verkauf)
- Häufiges unbefugtes Verlassen des Arbeitsplatzes
- Weigerung, Arbeits- oder Gesundheitszeugnisse vorzulegen
- Unerlaubte private Telefonate
- Verstöße gegen Datenschutz
- Verletzung der Geheimhaltungspflicht

8.12 Ausscheiden von Mitarbeitern

Übersicht: Zeugnisarten und deren Inhalt

Arbeitsbescheinigung:	− Personalien − Dauer der Tätigkeit
Einfaches Zeugnis:	− Personalien − Art und Dauer der Tätigkeit
Qualifiziertes Zeugnis:	− Personalien − Art und Dauer der Tätigkeit − Beurteilung von Leistung und Verhalten − Veranlassung der Beendigung

Checkliste: Zeugnisse erstellen

Wichtige Punkte:	✓ Wurde berücksichtigt:
Trägt das Zeugnis die Überschrift „Zeugnis" oder „Zwischenzeugnis"?	
Sind die Angaben zur Person vollständig: − Name und Vorname, bei Frau auch der Mädchenname? − Akademischer Titel (Dr., Dipl.-Ing.)? − Hierarchische Titel (Direktor, Prokurist)? − Geburtsdatum und Ort?	
Sind Beginn und Ende der Tätigkeit genannt?	
Bezeichnung und Beschreibung der Tätigkeit: − Tätigkeitsschwerpunkte? − Wie hat sich der Mitarbeiter entwickelt, verändert, weitergebildet? − Ist er befördert worden? − Sind Kompetenzen erweitert worden? − Selbstständige Durchführung von Projekten?	

Wichtige Punkte:	✓ Wurde berücksichtigt:
Beurteilung der Leistung und des Verhaltens des Mitarbeiters?	
Entsprechen die Bewertungen der Leistungen und des Verhaltens der Beurteilung?	
Sind alle Angaben zeugnisrelevant, charakteristisch, notwendig, wahr, wohlwollend und verständlich?	
Ist das Zeugnis in sich systematisch gegliedert? Genügend Absätze? Kurze Sätze? Keine Wiederholungen?	
Ist das Zeugnis umfassend genug? Ist ein detailliertes Bild des Bewerbers erkennbar?	
Ist das Zeugnis so formuliert, dass es der Position gerecht wird? Dabei gilt: Je höher die hierarchische Position, umso detaillierter das Zeugnis	
Ist der Grund des Ausscheidens angegeben? Wenn nein, ist dies im Interesse des Mitarbeiters?	
Dank und gute Wünsche für die Zukunft? Bei gutem Zeugnis auf jeden Fall mit aufnehmen, bei negativem Zeugnis liegt die Entscheidung bei Ihnen. Die Aussagen müssen zum Gesamturteil passen.	

9 Projektmanagement

9.1 Projektplanung

Der erste Schritt bei der Projektplanung ist das Erstellen eines Konzeptes. Wenn Sie in dieser Phase professionell arbeiten, stellen Sie die Weichen für eine erfolgreiche Durchführung.

Professionelles Konzept

Grundinformationen, die in jedes Projekt gehören:

- Wie ist die Ausgangslage?
- Wie lautet das Projektziel und mit welchem Ergebnis ist es erreicht?
- Wer ist der Auftraggeber oder Initiator?
- Welche Personen sind beteiligt?
- Wer leitet das Projekt und welche Funktionen bzw. Kompetenzen haben die anderen Teilnehmer?
- In welchem Zeitraum soll das Projekt durchgeführt werden?
- Wie sollen Ziele erreicht werden?

Projektphasen

- Zeit und Aufbauplanung
  - Wie viele Stunden werden wann und von wem für das Projekt aufgewendet?
  - Wann treffen sich die Projektbeteiligten?
  - Wie viel Zeit wird für die einzelnen Projektphasen Planung, Durchführung und Kontrolle aufgewendet?
- Kostenplanung
  - Welches Budget steht für das Projekt zur Verfügung?
  - Wie setzen sich die Kosten zusammen?
  - Wer entscheidet über die Budgetverwendung?
- Aufgabenplanung
  - Wer übernimmt wann welche Aufgaben?
  - Wer kontrolliert die Ergebnisse?

■ Dokumentation
- In welcher Form sollen die Projektaktivitäten und -ergebnisse festgehalten werden?
- Wer ist für das Zusammenstellen der Dokumentation zuständig?
- Wer bekommt am Ende ein Exemplar der Projektdokumentation?

Übersicht: Kurzbeschreibung Projektidee

Entwurf Projekt-Titel	Ausgangssituation	Qualitätsverbesserung
Auftraggeberin	Soll-Zustand	Beschleunigungen
Projektleiter/in	Risiken	Kostenreduzierung
Team	Wirtschaftlichkeit	Nutzen für:

Diese Übersicht können Sie unter http://www.springer.com auf der Seite zum Buch unter „Zusätzliche Informationen" herunterladen, speichern und bearbeiten.

Übersicht: Die Projekt-Erklärung, Definition, Ziele, Projektorganisation

Projekt-Definition (Endergebnis, Titel, Nummer ...)

Projektplanung 151

Projekt-Ziele (Gesamt- und Teilziele, Fristen ...)

_____

_____

_____

Projekt-Rahmen (Kostenrahmen, Ressourcen, Zeitrahmen ...)

_____

_____

_____

Projekt-Organisation (Projektleiter, Kernteam, Supportteam, Hierarchie, Eskalation ...)

Unterschrift Projektleiter	Unterschrift Auftraggeber

Diese Übersicht können Sie unter http://www.springer.com auf der Seite zum Buch unter „Zusätzliche Informationen" herunterladen, speichern und bearbeiten.

Beispielformular: Projektplanung

Projektbeschreibung

Projektbeginn:	
Endtermin:	

Priorität	Beschreibung der Teilaufgabe	Delegiert an	Beginn	Kontrolltermin	Fertig bis	✓	ok

Dieses Formular können Sie unter http://www.gabler.de/Privatkunden/OnlinePLUS.html herunterladen, speichern und bearbeiten.

Projektplanung

Übersicht: Arbeitspaketbeschreibung/Projektdefinition

Arbeitspaketbeschreibung						
Projekt	1. Zielsetzung des Arbeitspaketes	4. Personelle Ressourcen				
		Art	Menge	Zeitaufwand	Kosten	Gesamt
Auftraggeber						
Projektleiter	2. Erforderliche Maßnahmen/ enthaltene Meilensteine					
Nr. und Titel des Arbeitspaketes						
Verantwortliche/r		5. Materielle Ressourcen				
		Art	Menge	Zeitaufwand	Kosten	Gesamt
Datum der Auftragsübernahme						
Fertigstellungstermin	3. Voraussetzungen (Vorgänger/ Abstandsbeziehung)	6. Fertigstellungswert (Gesamtkosten Arbeitspaket)				
Abnahmedatum und Unterschrift		7. Dauer		8. Feste Termine		

Diese Übersicht können Sie unter http://www.springer.com auf der Seite zum Buch unter „Zusätzliche Informationen" herunterladen, speichern und bearbeiten.

Übersicht: Projektstatusbericht

Projektstatusbericht	
Projekt Travel Management Projektkurzbeschreibung	Projekt-Nr. 03-574 Reduzierung der Reisekosten für das gesamte Unternehmen Effektivere Reisebuchung Richtlinien

Projektleiterin: Floriane Schober geb. am 4.8.1972
berichtet an: Direkten Vorgesetzten und Vorstandsmitglied Dr. Schneider

Anlass des Statusberichts:
☐ Standard   ☐ _____

Status
Qualität/Leistungsumfang: _____
Budget: _____
Termine: _____

Probleme   ☐ keine   ☐ geringe   ☐ große
Im Fall großer Probleme:
Ursachen: _____
Lösungsvorschlag: _____

Entscheidungsbedarf: _____
Weiteres Vorgehen: _____

Unterschriften:

_____   _____
Datum, Auftraggeber   Datum, Projektleiter

Diese Übersicht können Sie unter http://www.springer.com auf der Seite zum Buch unter „Zusätzliche Informationen" herunterladen, speichern und bearbeiten.

> **Tipp:**
>
> Bitte achten Sie unbedingt darauf, wenn bei Problemen „geringe" oder „große" angestrichen ist, dass auf jeden Fall Ursachen und Lösungsvorschläge bereits auf der Checkliste enthalten sind, und dass Sie auch entsprechend eingreifen müssen.

Übersicht: Rückmeldung nach Teilzielen/Milestones

Rückmeldung	
Projekt:	Travel Management
Projektkurzbeschreibung:	Reduzierung der Reisekosten für das gesamte Unternehmen
	Effektivere Reisebuchung
	Richtlinien
Bearbeiterin:	Sabine Geitner

Aufgaben:	✓ erledigt
1.	
2.	
3.	
4.	
5.	

Geplanter Umfang
(Anzahl Seiten etc.): _____   Status: _____

Probleme   ❏ keine   ❏ geringe   ❏ große

Im Fall großer Probleme:
Ursachen: _____
Lösungsvorschlag: _____

Geplanter Aufwand: ____ Tage   Start: _____   Ende: _____

Aufwand bisher: ____ Tage   voraussichtl. Ende: _____

Unterschriften:

_____   _____
Datum, Auftraggeber   Datum, Projektleiter

Diese Übersicht können Sie unter http://www.springer.com auf der Seite zum Buch unter „Zusätzliche Informationen" herunterladen, speichern und bearbeiten.

Mit der folgenden Übersicht erhalten Sie einen Überblick über alle Beteiligten, intern wie die externen, und können dann hieraus die Einzelheiten über Honorar und Meilensteine ersehen.

Übersicht: Projektstammblatt

Projektstammblatt	
Projekt: Travel Management	Projekt Nr. 03-574
Projektkurzbeschreibung:	Reduzierung der Reisekosten für das gesamte Unternehmen Effektivere Reisebuchung Richtlinien
Projektleiterin: Floriane Schober	Stellvertreterin: Sabine Geitner
Projektmitarbeiter:	
Kfm. Bearbeiter:	
Auftraggeber: Name, Anschrift: _____ _____ _____	Ansprechpartner: 1. _____ 2. _____
Honorar:	
Gesamthonorar: EUR	
Zahlungsplan:	
Besonderheiten:	
Termine: Start: Ende:	
Meilensteine:	

Partner Kooperation:	_____
Unterauftrag:	_____

Unterschriften:

_____	_____
Datum, Auftraggeber	Datum, Projektleiter

Diese Übersicht können Sie unter http://www.springer.com auf der Seite zum Buch unter „Zusätzliche Informationen" herunterladen, speichern und bearbeiten.

Die folgende Übersicht bietet Ihnen einen besseren Überblick über die Arbeit der einzelnen Teammitglieder, Sie können so rechtzeitig gemeinsam verfolgen, wie weit die Mitarbeiter sind.

Übersicht: Arbeitsauftrag

Arbeitsauftrag	
Projekt: Travel Management	Projekt Nr. 03-574
Projektkurzbeschreibung:	Reduzierung der Reisekosten für das gesamte Unternehmen Effektivere Reisebuchung Richtlinien
Bearbeiterin: Milena Römer	
Aufgaben:	1. _____ 2. _____ 3. _____ 4. _____ 5. _____

Geplanter Umfang: (Anzahl Seiten etc.)	_____
Vorgehensweise: (Tools, Konventionen)	_____
Schnittstellen: (Ansprechpartner)	_____
Besonderheiten:	
Geplanter Aufwand: ____ Tage	Start: _____ Ende: _____
Unterschriften:	
_____ Datum, Auftraggeber	_____ Datum, Projektleiter

Diese Übersicht können Sie unter http://www.springer.com auf der Seite zum Buch unter „Zusätzliche Informationen" herunterladen, speichern und bearbeiten.

Auch hier sind wieder die einzelnen Teilnehmer gefordert, diesen Abschlussbericht an Sie abzugeben, damit Sie einen Überblick über die einzelnen Leistungen und die Ziele haben.

Übersicht: Abschlussbericht

Projekt-Abschlussbericht	
Projekt: Travel-Management	Projekt-Nr.: 03-574
Projektkurzbeschreibung:	Reduzierung der Reisekosten für das gesamte Unternehmen
	Effektivere Reisebuchung
	Richtlinien
Projektleiterin: Floriane Schober	
Ziel:	

Projektplanung 159

Projektorganisation:

Beschreibung der Leistung:

Wichtige Ereignisse / Kritische Probleme:

Projekttermine:

Projektkosten:

Projektabnahme:

Auftraggeber   Projektleiter

Diese Übersicht können Sie unter http://www.springer.com auf der Seite zum Buch unter „Zusätzliche Informationen" herunterladen, speichern und bearbeiten.

Diese Checkliste ist ein wichtiger Bestandteil zur Stellenbeschreibung.

Übersicht: Stellenbeschreibung Projektleiter

Projektleiter – Stellenbeschreibung	
Projekt: Travel Management	Projekt-Nr.: 03-574
Projektkurzbeschreibung:	Reduzierung der Reisekosten für das gesamte Unternehmen
	Effektivere Reisebuchung
	Richtlinien
Projektleiter: Maria Müller geb. am 4.8.1972	
berichtet an: Direkten Vorgesetzten und Vorstandsmitglied Dr. Schneider	
Unterstellte Projektmitarbeiter (Name, Vorname, Funktion):	
disziplinarisch unterstellt	fachlich zugeordnet (Projekttage)
Schorn, Sabine; Assistentin	Abels, Mathias; Controller
Heitemeier, Gabi; Assistentin	(5 Stunden pro Woche)
Schuster, Sabine; Office-Managerin	Behrens, Bernd; EDV-Organisator
Meier, Gerlinde; Sekretärin	(nach Bedarf)
Stelleninhaber wird vertreten von: Sabine Schuster	
Verantwortung:	
Die Stelleninhaberin ist verantwortlich für das termingerechte Erreichen der Projektziele gemäß der Projekterklärung (Checkliste 1) vom 15. Oktober 2002, und zwar im Rahmen des dort vorgegebenen Projektbudgets sowie entsprechend der vom Auftraggeber beschriebenen Merkmale.	
Befugnisse:	
Projektbezogene Reisen bis max. Euro 3.000,00	
Aufgaben:	
1. Terminplanung und -überwachung	
2. Ressourcenplanung und -steuerung	
3.	
Unterschriften:	
Datum, Auftraggeber	Datum, Projektleiter

Projektplanung

Checkliste: Informations-Checkliste

☐ Informations-Empfänger:	
☐ Wer muss (intern/extern) Projektinformationen erhalten?	
☐ Wen müssen Sie mit auf die Verteilerliste setzen?	
☐ Informations-**Bedarf**: Wer braucht welche Informationen?	
☐ Informations-**Regeln**: Bitte informieren Sie alle über diese Regeln, die wie folgt aussehen: ✓ Verständlich ✓ Kurz ✓ Überschaubar ✓ Strukturiert ✓ Pünktlich	
☐ Informations-**Wege**: Wie werden die Informationen weitergeleitet? ✓ Schriftlich oder mündlich? ✓ In Meetings oder am Telefon? ✓ Per E-Mail oder per Post? ✓ An bestimmte Stellen veröffentlicht oder persönlich übergeben? ✓ …	
☐ Informations-**Form**: Welche ✓ Formulare, ✓ Vordrucke, ✓ Vorlagen sollen verwendet werden? Gibt es ✓ Checklisten, ✓ einheitliche Punkte oder ✓ gemeinsames Design? ✓ Muss ein bestimmter Nummernschlüssel bzw. Aktenplan beachtet werden?	

☐ Informations-**Inhalt**:

Welchen Inhalt haben die einzelnen Informationen?
- ✓ Kosten,
- ✓ Termine,
- ✓ Erfolgskennzahlen,
- ✓ Ressourcen,
- ✓ Risiken,
- ✓ Änderungen,
- ✓ Verhalten
- ✓ ...

Übersicht: Ihre Notizen im Projekt

Phase	Tools	Dokumentation	Ereignisse/ Meetings	Assistenz
Projektübergabe				
Hauptprojekt				

Projektplanung

Detailprojekt				
Implementierung				

Diese Übersicht können Sie unter http://www.springer.com auf der Seite zum Buch unter „Zusätzliche Informationen" herunterladen, speichern und bearbeiten.

Projekthandbuch

Ablauf:

1. Vorbemerkung
2. Projekthintergrund
3. Zielsetzung, Aufgabenstellung
4. Projektbezogene Rahmenbedingungen
5. Projekt Aufbauorganisation
6. Projektstruktur
7. Projektabwicklung
8. Verträge
9. Projektbeteiligte, Anschriften

10 Telefonmarketing

1. Organisation

Eine Datenbank mit verschiedenen Masken anlegen:

- Adresserfassung
- Kundendetails, Kundengeschichte
- Telefon-Marketing-Rapport
- Diverse Korrespondenz
- Angebot
- Vorlagen / Formulare für Gesprächsnotizen und Ablage

■ **Inhalt der Telefon-Marketing-Rapporte:**
- Genaue Adresse
- zuständige Person
- Telefon / Fax
- Datum des Gesprächs
- Feld „erreicht"/ Feld „nicht erreicht"
- Feld für weitere Gesprächsdaten bei Nichterreichen der entsprechenden Person
- Feld für Gesprächsnotizen
- Feld für Datum des nächsten Anrufs

■ **Ablage-System während des Telefonierens (falls keine Datenbank verwendet wird)**

1. Ablage → für noch nicht kontaktierte Adressen / Rapporte, bzw. nicht erreichte Personen
2. Ablage → für Interessenten für die Weiterbearbeitung bzw. für Terminvereinbarungen
3. Ablage → für Absagen

■ **Relevante Unterlagen in Griffnähe**
- Telefon-Script
- Rapporte
- Unterlagen
- Notizblock
- Schreibzeug etc.
- Ordnung auf dem Schreibtisch
- Positive Umwelt
- Ausgeschlafen telefonieren

2. Konzentration

■ **Empfehlung**

- Jeden Tag 15 bis 20 Telefonate
- Ablenkungsmöglichkeiten ausschalten
- Keine unerledigten Arbeiten auf dem Schreibtisch
- Radio abschalten
- Sich Zeit nehmen / einplanen und sich gedanklich nur auf das Telefon-Marketing konzentrieren

■ **Genügend Pausen einlegen**

- Tipp: Nach jedem oder nach z.B. fünf Telefonaten Nachbearbeitungsarbeiten ausführen (Unterlagen für den Versand bereitstellen etc.) und danach weiter telefonieren

■ **Auf persönliche Tagesform achten**, sofern diese Zeiten mit der Erreichbarkeit der (potentiellen) Kunden übereinstimmen

■ **Sich voll und ganz auf das Telefongespräch konzentrieren**

- Sich den Gesprächspartner bildlich vorstellen
- Der Gesprächspartner merkt es, wenn Sie unkonzentriert sind

■ **Aktiv zuhören**

- Sich in den Gesprächspartner hineinversetzen
- Ihm durch zustimmende Töne und Ja-Worte zu verstehen geben, dass sie dem (potentiellen) Kunden aktiv zuhören
- Aussprechen lassen, nicht unterbrechen

3. Motivation

■ **An den Erfolg der Telefon-Marketing-Aktion glauben!**

Wenn Sie sich schon vorher einreden, dass sowieso keiner für Sie oder Ihre Produkte interessiert, wird es auch schon entsprechend negativ verlaufen.

■ **Zielsetzung:**

- Ein System aufbauen, sich selber zu motivieren
- Fremdmotivation reicht in der Regel nur für die ersten 10 – 20 Anrufe

■ **Sich darauf einstellen**

dass ein Termin bei zehn Anrufen kein schlechtes Ergebnis ist!

■ **Sich immer wieder sagen, dass kein Gespräch vergebens ist**

- Eine Absage bedeutet noch lange nicht, dass der (potentielle) Kunde nicht in einigen Monaten kauft oder abschließt.
- Auch eine Absage ist ein Anfang für den Aufbau einer Kundenbeziehung!
- Jeder Anruf zeigt dem (potentiellen) Kunden, dass wir an ihm interessiert sind

- **Grundeinstellung:**
  - Ich bringe für die (potentiellen) Kunden einen echten Nutzen und versuche diesen so gut wie möglich zu verkaufen – Wenn der (potentielle) Kunde nicht will, so hat er momentan Pech gehabt, vielleicht lässt er sich zu einem späteren Zeitpunkt überzeugen!
- **Sich qualitative Ziele setzen**
  - Z.B. 70% „positive" Gespräche zu erreichen, auf denen ich für einen zweiten Anruf Aufbauen kann, angesehen von einem Abschluss-Druck
- **Bester Motivationsfaktor sind Erfolge!**
- **Sich der Aufgabe stellen und nicht vor sich selbst kapitulieren**
  - Sich selber die Aufgabe zutrauen
  - Wer nichts wagt, gewinnt nichts!
- **Sich selber belohnen**
  - Nach Erreichen von (Teil-)Zielen mit kleinen Freuden, Pausen etc.
- **Während Pausen abschalten und sich neu auf die nächsten Gespräche konzentrieren**
  - Aus dem Raum gehen
  - Das Fenster öffnen
  - Aus dem Fenster schauen
  - Sich zurücklehnen und die Augen schließen
  - Ein Getränk holen
  - Mit jemandem sprechen
- **Zwischenbilanzen ziehen**
  - (z.B. nach den ersten 20 Gesprächen) und sich allfällige Optimierungsansätze überlegen
- **Optimierung des unmittelbaren Umfelds**
  - Raum, Raumgestaltung, Pflanzen
  - Lichtverhältnisse: Sehr wichtiger Motivationsfaktor!
- **Sich für die Telefon-Marketing-Aktionen Zeit nehmen**
  - Keine Zeit = Keine Priorität!
- **Selbstorganisation**
  - Die Telefon-Marketing-Aktionen fest einplanen und in die Agenda eintragen

11 Travel-Management

Obwohl das Internet und die moderne Technologie die Kontaktaufnahme in der immer globaleren Wirtschaft massiv erleichtern, nimmt nicht nur in den weltweit operierenden Unternehmen die Anzahl der Geschäftsreisen zu. Das Geschäft wird globaler, in vielen Fällen ist auch nach wie vor eine persönliche Präsenz vonnöten, als Folge steigt die Reisetätigkeit in vielen Geschäftsbereichen.

Damit eine Geschäftsreise reibungslos verläuft, müssen Übernachtung, Reiseroute und Termine organisiert und abgestimmt sein. Bei Antritt der Reise muss zudem alles Nötige für unterwegs bereit liegen. Die Checklisten unterstützen Sie, damit Sie nichts vergessen und listen alle nötigen Maßnahmen und/Aktivitäten auf. Eine weitere Checkliste zeigt beispielhaft, wie ein Reiseplan aussehen könnte. Zum Abschluss werden die Internetadressen vorgestellt, mit deren Hilfe Sie Reisen schnell und einfach online planen.

Checkliste: Vor der Reise

To Dos	Zu erledigen von:	✓ Erledigt am:
1. Vorbereitung		
Datum und Uhrzeit Eventuelle Zeitverschiebungen sollten berücksichtigt werden!		
Reisemittel (Flugzeug, Bahn, Auto)		
Anlass (Gesprächspartner und/oder Konferenz-/Seminar-Organisation)		
Dauer der Reise (An- und Abreise/Umfang der Gespräche)		
2. Anträge und Reservierungen		
Flüge, Bahn		
Mietwagen		
Hotel		
Visum/Impfungen		

To Dos	Zu erledigen von:	✓ Erledigt am:
Teilnahme an Vorträgen, Konferenzen, Seminaren		
Abendveranstaltungen		
3. Reisedokumente und -unterlagen (Chronologischer Reiseplan inklusive:)		
Anreise-, Weiterreise- und Abreisedatum		
Flug-/Bahn-/Reservierungsnummern		
komplette Adressen mit Rufnummern von Hotel und Kunden/Gesprächsteilnehmern		
Flug-/Bahnticket (mit Platzreservierungen) (check-up!)		
Reservierungsbestätigungen (Hotel, Mietwagen) (check-up!)		
Einladungen oder Teilnehmerausweis		
Reisepass, Visum, Impfbescheinigung, internationaler Führerschein		
Wegbeschreibungen/Anfahrtsskizzen		
Stadt-/Straßenplan		
Eventuell benötigte Einlasskarten		
Devisen, Kreditkarte (PIN-Nummer.?)		
Visitenkarten		
Terminkalender		
4. Geschäftliche Unterlagen und Ausrüstung		
Firmenprospekte/Präsentationsunterlagen		
Interne Telefonliste		

To Dos	Zu erledigen von:	✓ Erledigt am:
Wörterbuch, Blöcke, Stifte		
Briefpapier, Umschläge, Briefmarken, Stempel		
Diktiergerät, Ersatzkassetten, Ersatzbatterien (mit vollen Batterien)		
Taschenrechner		
Handy und Ladegerät (PIN-Nummer.?)		
Werbepräsente (Give-aways)		
Adapter		
Notebook		
5. Interne Termine/laufende Projekte während der Abwesenheit, Sonstiges		
Gibt es Wiedervorlagen, die geklärt werden müssen?		
Parallel vereinbarte Termine stornieren		
Wer vertritt den Chef, wer ist unterschriftsberechtigt? (Vertreterregelung klären)		
E-Mail-Abwesenheitsfunktion einschalten		
Alle wichtigen Personen von der Abwesenheit informieren		
Kopien der Reisedokumente und -unterlagen anfertigen		

Diese Checkliste können Sie unter http://www.gabler.de/Privatkunden/OnlinePLUS.html herunterladen, speichern und bearbeiten.

Übersicht: Beispiel für einen Reiseplan

Datum/ Uhrzeit:	Ort:	Name/Adresse/ Telefonnummer des Gesprächspartners	Telefonnummer des Besprechungsorts (Hotel, Firma et cetera)	Besprechungsgrund	Sonstiges
12.02.05 13:00 Uhr	HH	Coenen GmbH Herr Liebig 040-3344	Hotel Atlantik 040-471147 Treffpunkt: Salon Ausblick	Kooperationsvertrag, Asien	Flugzeit: HIN: LH444, 10:10 Uhr Präsente mitnehmen
12.02.05 15:00 Uhr	Pinneberg	Astra Effects AG Frau Schöne 04131-666666	Astra Effects AG Zur Aussicht 122 Pinneberg, Treffpunkt: Empfang	Präsentation der neuen Sportkollektion	Flugzeit: Zurück: LH443, 18:00 Uhr Shuttle bereits bestellt, holt Sie bei der Firma Astra ab.
...	...	...	...	...	...

Diese Übersicht können Sie unter http://www.springer.com auf der Seite zum Buch unter „Zusätzliche Informationen" herunterladen, speichern und bearbeiten.

Reiseplanung online

Übersicht: Die besten Internetadressen für Ihre Online-Reiseplanung

http://www.fluege.com:	Neben der Buchungsmöglichkeit können Sie auch Details wie Gateway-Nummer, Flugverspätungen oder sonstige Änderungen erfahren. Flüge können auch geändert werden.
http://www.flugplan.net:	Auch hier können Sie online Flüge buchen. Außerdem können Sie sich von nahezu allen deutschen und europäischen Flughäfen Lagepläne und Wegweiser ausdrucken lassen. Damit wird sich Ihr Chef/Ihre Chefin in einem unbekannten Flughafen besser zurechtfinden.

http://www.travelchannel.de/magazin/reiseratgeber:	Hier finden Sie Lagepläne von Flughäfen, Mahlzeiten der Airlines, Infos über die Beinfreiheit in den verschiedenen Flugklassen, die Verkehrsanbindung mit dem Auto inklusive Routenbeschreibung, U-Bahn-/Bahn-/Bus-Pläne, Taxihalteplätze und Transportkosten.
http://www.bahn.de:	Online-Verkauf von Fahrkarten. Bahn-Tickets können Sie jetzt noch drei Tage vor dem Reisetermin online buchen. Ein „elektronischer Preisberater" unterstützt Sie bei der Suche nach günstigen Tarifen und Rabatten. Die Bahn schickt Ihnen die Fahrkarte portofrei zu. Bis eine Stunde vor Abfahrt können Sie noch online Plätze per Kreditkarte reservieren.
http://www.surfandrail.de:	Wenn Sie online Ihre Bahntickets über diese Adresse buchen und mit Kreditkarte zahlen, sparen Sie Geld. Die Fahrkarten drucken Sie über Ihren Drucker aus. Bei der Sitzplatzreservierung können Sie zwischen Nichtraucher, Raucher, Großraumwagen, Abteil, Fensterplatz, Tischplatz, Handyzone, Ruhezone/ICE-Video wählen.
http://www.subwaynavigator.com:	Internationale U-Bahn-Fahrpläne.
http://telemap.de/router.htm:	Routenplaner – zusätzlich: Lagepläne am Flughafen, Beinfreiheit bei den Flugklassen, Verkehrsanbindung, U-Bahn- und Busanbindung, Parkplätze et cetera
http://www.billiger-mietwagen.de:	Sie tragen Ihren Wunschtermin nur einmal auf billiger-mietwagen.de ein, und nicht bei jedem einzelnen Anbieter. Der Meta-Preisvergleich mit den wichtigsten Anbietern ermittelt das günstigste Angebot und bietet die Möglichkeit online zu buchen.
http://www.nethotels.com:	Hotel-Recherche weltweit (1 bis 5 Sterne-Hotels).
http://www.hrs.de:	HRS – weltweites Hotel-Reservierungs-System.
http://www.ehotel.de:	Ehotel – weltweiter Hotelbuchungsservice.
http://www.visum-dienst.de/index3.php:	Viele Informationen rund um Visum und Einreisebestimmungen.

http://www.fit-for-travel.de:	Informationen über gesundheitliche Risiken – Tipps und Vorbeugungsmaßnahmen, Impfungen et cetera
http://www.wetter.com:	Wetter, unter anderem mit Klimadatenbank, Lexikon, Reisewetter, Verkehrshinweisen und Medizinwetter
http://wetteronline.de:	aktuelles Wetter, Vorhersagen, Klima, Segelwetter, Schneehöhen und Satellitenbilder.
http://www.reisekosten.de:	Tipps rund um die Reisekosten-Abrechnung. Weltweite Reisekosten-Abrechnung möglich, aktuelle Währungssätze – Benutzung via Internet 3 Euro pro Monat, Kauf einmalig 30 Euro.
Weitere Adressen:	– Expedia : http://expedia.de – Tourisline: http://tourisline.de – Günstige Flüge: http://travelJungle.com

12 Korrespondenz

Übersicht:	Entscheidende Faktoren für eine zeitgemäße Business-Korrespondenz
Der Briefkopf (Firmenlogo):	Hierauf fällt der erste Blick des Lesers. Sie als „Briefschreiber" können oft auf diesen Punkt keinen Einfluss nehmen, da dies meist von der Unternehmensleitung entschieden wird. Der Vollständigkeit halber sei jedoch darauf verwiesen.
Die Adresse:	Nichts liest der Mensch lieber als seinen eigenen Namen. Ganz wichtig hier: Um den Leser nicht zu verstimmen, muss der Name richtig und vollständig geschrieben sein.
Der Betreff:	Das Wort „Betreff" oder „betrifft" schreibt man heute nicht mehr. Inhalt oder Thema des Briefes wird im Betreff kurz und präzise genannt und soll dem Leser eine erste Orientierung geben. Grundsätzlich gilt hier: so kurz wie möglich halten. Wenn möglich, nur eine Zeile, da diese schneller wahrgenommen wird. Nach DIN wird der Betreff nicht mehr unterstrichen. Neueren Untersuchungen zufolge bleibt auch die gleiche Schriftgröße (wie im gesamten Text 10-er bis 12-er Schrift) erhalten. Was jedoch sehr oft genutzt wird, ist der Fettdruck.
Die Anrede und Grußformel:	Die meisten Briefe beginnen mit „Sehr geehrte Frau Sommer, …" und enden mit „Mit freundlichen Grüßen". Mit diesen Standardformulierungen können Sie nichts falsch machen, besonders persönlich oder gar originell klingen sie jedoch nicht. Für die Grußformel gilt das gleiche wie für Ihre Anrede. Um einen bleibenden Eindruck zu hinterlassen, variieren und lockern Sie Ihre Formulierungen auf, denn: Sie wollen – nach der AIDA-Formel – Aufmerksamkeit wecken. Ein Beispiel dafür wäre: „Guten Tag, Herr Mustermann, …", „Guten Morgen, Frau Sommer" oder „Sehr geehrte Frau Karin Beispiel, …" … Übrigens: Wie Sie Ihren Briefpartner anreden, das entscheiden Sie selbst. Eine Regel dafür gibt es nicht. Erlaubt ist, was Ihnen gefällt. Wichtig hier jedoch immer: Es muss zu Ihrem Unternehmen, zu Ihnen und zu Ihrem Leser passen.
Mehrere Adressaten:	Beim Geschäftsbrief kommt die in der Hierarchie höher stehende Person zuerst.

Der Briefeinstieg:	Dieser sollte kurz, knapp und fesselnd sein. Das bedeutet, der Leser muss Lust zum Weiterlesen bekommen, sein Interesse muss geweckt werden, und er muss das Gefühl haben, etwas zu verpassen, wenn er nicht weiter liest. Beginnen Sie mit einer wichtigen, positiven Formulierung! Phrasen wie: „Wir beziehen uns auf ..." oder „... in Beantwortung Ihres Schreibens vom ...", sind überflüssig, da Sie keinen Nachrichtenwert besitzen.
Der Briefinhalt:	Hier sollten Sie immer aus Sicht Ihres Lesers argumentieren. Streben Sie deshalb das „Sie" an und vermeiden das „Wir." Ihr Leser darf kein „Nein" im Kopf haben (gilt vor allem bei Angeboten), sondern die Antworten müssen „Ja" heißen. Ganz wichtig: Bewahren Sie die Übersichtlichkeit, indem Sie Ihren Text beispielsweise durch Absätze strukturieren (mehr als sechs Zeilen ermüden das menschliche Auge). Das bedeutet: Verteilen Sie Ihren Text gut strukturiert auf Ihrem Briefbogen und wählen Sie Flattersatz, bei dem die Zeilenenden nicht – wie beim Blocksatz – einheitlich bündig sind.
Der Schlusssatz:	Nutzen Sie nie Ihren letzten Satz dazu, all das zuvor Gesagte mit anderen Worten nochmals zu wiederholen. Bei Ihrem Angebot zum Beispiel sollte ein Handlungsappell stehen. Dieser kann beispielsweise sein, dass Ihr Leser sofort bei Ihnen vorbeikommen soll, eine Karte abschicken soll oder eine schnelle Entscheidung treffen soll. Beispiele: „Möchten Sie die Angelegenheit nochmal besprechen? Ein Termin Anfang nächster Woche könnten wir für Sie einrichten." „Sollte Ihnen unsere Angebot zusagen, vereinbaren Sie bitte sobald als möglich einen Besprechungstermin mit Ihrem Ansprechpartner, Herrn Mustermann."
Die Grußformel:	Wählen Sie anstatt dem üblichen „Mit freundlichem Gruß" – alternativ, je nach Empfänger und Briefinhalt – zeitgemäße Formeln wie zum Beispiel: „Mit sonnigen (frühlingshaften, winterlichen, weihnachtlichen, usw.) Grüßen" oder „Beste Grüße aus ... (Stadt des Briefverfassers)" oder „Mit guten Wünschen für einen angenehmen Urlaub/angenehmes Wochenende" oder „Bis dahin grüßen wir Sie herzlich" oder „Es grüßt Sie freundlich nach ... (Stadt des Briefempfängers)."

Die Unterschrift:	In Geschäftsbriefen folgen, nach der Grußformel und Angabe der Firma, linksbündig die handschriftliche Unterschrift mit Vor- und Zunamen (macht den Brief persönlicher) sowie getippte Wiederholung des Vor- und Zunamens. Was den Abstand zur Firmenbezeichnung angeht, so gibt es hier keine Regel, das heißt Sie legen ihn selbst fest. Empfehlung: drei Leerzeilen.
Die Anlage/n:	Jeder Brief, dem Sie Unterlagen beifügen, erhält den Vermerk „Anlage" oder „Anlagen." Das genügt. Sie können jedoch die beigefügten Anlagen auch namentlich nennen, wenn Sie möchten, dass Ihr Leser sofort erkennt, um welche Unterlagen es sich handelt. Die Anlage steht linksbündig unter dem Namen (meist zwei Leerzeilen Abstand) oder Sie können sie auch rechts nennen (z. B. bei Platzmangel). Das Wort „Anlage/n" wird nicht mehr unterstrichen!
Briefende – das Postskriptum:	In den DIN-Regeln gibt es keine Angaben zum PS. Das Postskriptum „PS:" wurde ursprünglich genutzt, um „Vergessenes" anzufügen und heißt übersetzt „nach dem Geschriebenen". Heute wird das PS hauptsächlich dann eingesetzt, wenn auf interessante Dinge aufmerksam gemacht werden soll. Beispiele: PS: Sie finden uns auf der Bildungsmesse in Nürnberg in der Halle 3 auf dem Stand A2. PS: Aktionszeitraum für alle Angebote ist der 15. bis 31. Mai 2003! Untersuchungen haben ergeben, dass nach flüchtigem Überfliegen des Briefinhaltes das PS intensiv gelesen wird. Das ist auch der Grund, weswegen in Werbebriefen wichtige Informationen in den Zusatz am Ende des Briefes gesetzt werden und viele Direktwerber behaupten „Kein guter Werbebrief ohne PS".
Hervorhebungen:	Grundsätzlich gilt: Vermeiden Sie zu viele oder verschiedenartige Hervorhebungen in Ihrem Geschäftsbrief. Empfehlung: Entscheiden Sie sich für eine Version und bleiben Sie dabei. Für das Gesamtbild Ihres Briefes eignet sich am besten: Unterstreichen und halbfette Buchstaben. Durch diese Art des Hervorhebens wird das Gesamtbild nicht gestört. Vermeiden Sie wenn möglich eine gesperrte Schrift. Der Lesefluss wird durch die ungewohnten Abstände sofort gestört.
Schriftart und -größe:	Empfehlung: Arial, Schriftgröße 10-12 Punkt für den Normaltext.

Seitenrand:	Achten Sie bei Ihren Briefen darauf, einen ausreichend großen Seitenrand zu lassen. Folgende Maße sind sinnvoll: 24,1 mm links und 20 mm rechts.
Absätze:	Kurze Absätze: Empfehlenswert sind vier bis 6 Zeilen.
Satzlänge:	Durchschnittliche Satzlänge: nicht mehr als 20 Wörter.
Flattersatz:	Schafft bessere Lesbarkeit und das Schriftbild wirkt luftiger und leichter.

Tipp:

Legen Sie großen Wert auf eine zeitgemäße und fehlerfreie Briefgestaltung. Ihre Professionalität zeigt sich im Detail. Verwenden Sie die aktuellen Standards und machen Sie sich mit den gültigen Normen Ihres Landes vertraut.

Welche Schriftart und Schriftgröße Sie verwenden, ist in vielen Unternehmen auch durch die Corporate Identity (CI) festgelegt. Gibt es in Ihrem Unternehmen keine Vorgaben, ist die Schrift, für die Sie sich entscheiden, Ausdruck von Individualität. Wichtig ist, dass die Schriftart zum Briefpapier passt.

Übersicht: Formulierungen und Worte, die Sie vermeiden sollten

Zu vermeiden sind:	Beispiele:
Superlative:	Höflichste – einzigste – optimalste – maximalste – bestbezahlteste – meistgelesenste – bestmöglichste – nächstliegendste …
Hauptwörter – Hauptwortstil:	Zur Anwendung kommen – Zur Anweisung bringen – In Erwägung ziehen – Überlegungen anstellen – Zur Auslieferung kommen – Die Überweisung vornehmen – Zum Versand kommen – In Vormerkung nehmen – Eine Untersuchung durchführen – Zur Ausführung gelangen Richtig: anweisen, ausliefern, überweisen et cetera.
Pleonasmen (Dopplungen):	Spezielles Sonderangebot – Finanzielle Gewinneinbuße – Testversuch – bereits schon – wieder erneut – speziell nur – weiterhin für die Zukunft – neu renoviert – wieder zurückerstatten –

Zu vermeiden sind:	Beispiele:
	gezeigte Leistung – anfallende Arbeit – geführte Gespräche – gehabte Unterhaltung – gegebenes Versprechen – geschlossene Vereinbarung – erfolgte Aussprache – nach erfolgter Unterzeichnung
Passiver Briefstil:	Der Brief wurde von Herrn M. unterschrieben. Bei Schwertransporten muss die Polizei verständigt werden. Ihre Stellungnahme wurde von uns zur Kenntnis genommen. Versteckter Passiv lauert in „man"!
Konjunktiv:	Falsch: Ich würde feststellen. Richtig: Ich stelle fest.
Negativ-Formulierungen:	Falsch: Das könnte funktionieren. Richtig: Das funktioniert sicher.
Relativierungen:	Falsch: Das ist nicht so schlecht. Richtig: Das ist gut.
Verlegenheitsworte:	Falsch: Im Prinzip habe ich nichts dagegen. Richtig: Ich habe nichts dagegen.
Wir-orientierte Sprache:	Falsch: Wir senden Ihnen ... Richtig: Sie erhalten ...
Vermeiden Sie Wörter wie:	Zu unserer Entlastung – Haben wir zur Kenntnis genommen – Seitens – vonseiten – teilen wir Ihnen mit – zwecks – gemäß – mittels – in Kürze – in Bälde – betreffs/betreffend – seinerzeit – möchten wir bemerken – Bezug nehmend – möchten wir Sie höflich bitten – hochachtungsvoll – eventuell – vielleicht

Checkliste:	Korrespondenz - Basics

- ✓ Schreiben Sie aktiv, konkret und ohne veraltete Floskeln und Amtsdeutsch.
- ✓ Vorsicht auch bei Abkürzungen und Fremdwörtern. Sie erschweren den Lesefluss. Nicht jeder versteht Ihre firmeninterne „Geheimsprache".
- ✓ Schreiben Sie Ihre Briefe grundsätzlich in der Gegenwart. Nur, wenn sich der Inhalt auf Vergangenes bezieht, ist das Verwenden einer Vergangenheitsform erlaubt.
- ✓ Verwenden Sie Eigenschaftswörter nur sparsam. Mehrere Eigenschaftswörter aneinandergereiht, wirken leicht zu blumig und übertrieben.
- ✓ Bedenken Sie immer, dass Sie für den Leser des Briefes schreiben und nicht, um zu beeindrucken! Versetzen Sie sich in die Lage des Lesers und setzten Sie seine Brille auf.

12.1 Korrekte Ansprache in speziellen Fällen

Ansprache bei Adel, Ehrenbezeichnungen und verliehenen Titeln

- Sobald ein Adelstitel wie „Baron", „Gräfin" erscheint, fallen in der mündlichen Anrede die bürgerlichen Anredewörter Herr und Frau sowie die Präpositionen „von" und „zu" weg. Sie sagen also beispielsweise „Gräfin Tal" und „Baron Berg".
- Die Freifrau hat keinen „anredewürdigen" Titel, daher bleiben „Frau" und die Präposition erhalten: „Guten Tag, Frau von Stein".
- Der akademische Graf wird wie bei Bürgerlichen vor den Nachnamen gestellt: „Guten Tag, Dr. Gräfin Tal".
- Verliehene – auch nicht-akademische – Titel werden immer genannt: „Herr Senator"
- Ehrentitel und Amtsbezeichnungen werden immer genannt: „Frau Oberbürgermeisterin", „Frau Kammersängerin".
- Ehepartner haben keine Übertragung von Titel und Amtsbezeichnungen. Also Frau Oberbürgermeisterin Schneider und Herr Schneider.

12.2 Die professionelle E-Mail-Korrespondenz

Checkliste:	E-Mail-Korrespondenz
CC-Feld:	✓ Benutzen Sie das CC-Feld mit Bedacht. Achten Sie darauf, dass Sie in Ihrem Verteiler nicht mehr Personen als notwendig aufnehmen! Nichts ist lästiger, als E-Mails zu erhalten, von denen man gar nicht betroffen ist.
Betreff/Betreffzeile:	✓ Wie bei einem Geschäftsbrief gehört der Inhalt der Mail in der Betreffzeile kurz und mit allen notwendigen Angaben zusammengefasst.
Persönliche Anrede:	✓ In geschäftlichen E-Mails gehören Anrede und Grußformel auf jeden Fall zum guten Ton. Wählen Sie die gleichen Anreden, die Sie auch in einem Brief verwenden würden. Ausnahme: E-Mails an gute Kollegen, da gilt auch der weit verbreitete E-Mail-Gruß: „Hallo Michael …".
Verfassen Sie Ihre E-Mails präzise und knapp!	✓ Beschränken Sie sich auf das Wesentliche, schreiben Sie kurze Sätze und Abschnitte und überlegen Sie, welche Informationen der Empfänger wirklich braucht aber auch was Sie erwarten.
Verwenden Sie keine unnötigen Formatierungen!	✓ Es kann passieren, dass Ihr E-Mail-Empfänger mit seinem Programm nur Basistext verarbeiten kann und bei ihm aufwendig gestaltete Texte als unleserliche Hieroglyphen ankommen. Möchten Sie bestimmte Worte hervorheben, beschränken Sie sich auf fette und, oder kursive Schriften, die von allen gängigen E-Mail-Programmen unterstützt werden. Am besten ist es, Sie versenden Ihre E-Mails im reinen Text-Format.

Sonderzeichen und HTML-Formatierungen:	✓ Versenden Sie E-Mails immer im Format „nur Text" – also nicht mit Schriftgestaltung, nicht als HTML, Sonderzeichen und auch nicht mit farbigem Hintergrund. Viele E-Mail-Programme können diese Ziffern nicht lesen!
Zeilenlänge:	✓ Zur besseren Lesbarkeit begrenzen Sie Ihre Zeilenlänge auf circa 65 Zeichen!
Absätze:	✓ Strukturieren Sie den Text in sinngerechte Absätze!
Groß- und Kleinschreibung:	✓ Vermeiden Sie durchgängige Groß- oder Kleinschreibung.
Umfangreiche Nachrichten:	✓ Haben Sie eine Nachricht von mehr als 100 Zeilen zu übermitteln, setzen Sie bitte in der Betreff-Zeile das Wort „long" ein.
Rechtschreibung:	✓ Achten Sie auf die gesetzlichen Rechtschreiberegeln.
Abkürzungen und Emoticons:	✓ Vermeiden Sie Abkürzungen und Emoticons. Nicht jeder kennt die Abkürzungen und Emoticons wie zum Beispiel ;-)), die mittlerweile aus dem englischen Sprachraum bei unseren E-Mails eingeführt wurden. ✓ Vermeiden Sie Abkürzungen, wie z. B.: ASAP (As soon as possible), 4u (= for you = für dich/für Sie) oder imo (= in my opinion = meiner Meinung nach), usw., nicht jeder Leser weiß damit etwas anzufangen!

Autosignatur:	✓ Achten Sie auf die richtige und vollständige Signatur! ✓ In die Signatur gehören: – Name – Firma – Adresse – Telefonnummer, E-Mail, Internetadresse – Je nach Unternehmensform die entsprechenden ✓ Angaben in Deutsch und Englisch in Ihrer „Signatur" sind bei global tätigen Unternehmen ein Muss und geben auch in mittelständischen Unternehmen einen internationalen Anstrich. ✓ In die Signatur gehören nicht: – Werbung – Rechtsbelehrungen
Vertraulichkeit:	✓ Versenden Sie nur solche Textinhalte per E-Mail, die Sie auch auf eine Postkarte schreiben würden! Durch entsprechende Betriebsvereinbarungen hat der Arbeitgeber das Recht, während der Arbeitszeit versandte E-Mails, zu kontrollieren. Viele Firmen speichern die Nachrichten selbst nachdem sie gelöscht wurden. So können Ihre eigenen Nachrichten vor Gericht gegen Sie verwendet werden.
Wann sind E-Mails sinnvoll?	✓ E-Mails eignen sich nicht für alles! Versenden Sie niemals problematische oder sensible Informationen, sondern ziehen Sie in solchen Fällen das persönliche Gespräch oder Telefonat vor! Es sei denn, Ihre E-Mail-Partner verfügen über sichere Verschlüsselungssysteme.

12.3 Das Protokoll

Beispielformular: Protokoll

Art der Besprechung:

Datum:	Uhrzeit (Beginn/Ende):
Ort:	Raum:

Thema/Ziel:

Teilnehmer (Teilnehmerliste) anwesend/abwesend:

Protokollführer:

Tagesordnungspunkte/Themen:

1.

2.

3.

Ergebnisse:	**erledigt bis:**	**verantwortlich:**
zu TOP1.:		
zu TOP2.:		
zu TOP3.:		

Name des Protokollführers:

Unterschrift Moderators/Besprechungsleiter:

Unterschrift des Vorsitzenden:

Verteiler:

Dieses Formular können Sie unter http://www.gabler.de/Privatkunden/OnlinePLUS.html herunterladen, speichern und bearbeiten.

Das Protokoll

> **Tipp:**
> Eine gute Protokollführung ist entscheidend für den Erfolg und das Ergebnis einer Besprechung. Erfolgsfaktoren sind Übersichtlichkeit, leichte Lesbarkeit, Eindeutigkeit und gute Verständlichkeit.
>
> Klären Sie unbedingt im Vorfeld, welche Art von Protokoll geführt werden soll! Die häufigste Form ist das Ergebnisprotokoll. Hier werden nur die Ergebnisse zu den einzelnen Tagesordnungspunkten notiert. Nur in Ausnahmefällen ist es sinnvoll ein Ablauf- oder ausführliches Protokoll anzufertigen, wo der komplette Verlauf wörtlich oder in Auszügen stenographiert wird. Arbeiten Sie mit dem vorgefertigten Muster-Deckblatt und berücksichtigen Sie die folgenden Kriterien dabei:

Übersicht: Kriterien für das Protokoll

Verteiler:	— Als Information für alle Beteiligten, wer das Protokoll erhält.
Formale Informationen:	— Art der Besprechung
	— Veranstalter, Einladender
	— Tag und Ort
	— Beginn und Ende
	— Teilnehmerliste (Soll-Ist Zustand)
	— Leiter und Protokollführer
	— Tagesordnung oder Besprechungsthema
	— Ort und Datum
Eigentlicher Inhalt:	— Wichtige Fakten
	— Teilergebnisse
	— Ergebnisse
	— Beschlüsse und Vereinbarungen
	— Unterschriften (Vorsitzender, Protokollführer)
Wer erledigt was bis wann?	— Tipp: Wichtig ist es, genau festzuhalten, wer was bis wann erledigen muss, wer informiert werden muss und wer für die Kontrolle der Erledigung zuständig ist.

Form und Inhalt:	— Prüfen Sie unbedingt folgendes, bevor Sie das Protokoll in Umlauf bringen: — Ist das äußere Bild des Protokolls so, dass es den Empfängern entspricht? — Stimmt der Verteiler? Niemand vergessen? — Ist das Protokoll klar gegliedert, sodass die einzelnen Ergebnisse der TOPs gut nachvollziehbar sind?

13 Meetingmanagement

Bei der Planung von Geschäftstreffen ist an eine Vielzahl von Dingen zu denken. Die Sitzungen sollen schließlich wie am Schnürchen ungestört ablaufen und die Teilnehmer produktive Ergebnisse erbringen. An was Sie alles denken müssen, damit der organisatorische Rahmen bei internen Sitzungen stimmt, zeigt Kapitel 14. Die Checklisten der nächsten Kapitel geben Aufschluss darüber, wie Termine geplant, Einladungen verschickt und die Budgets erstellt werden.

Dieses Kapitel hilft Ihnen dabei, perfekte und reibungslose Veranstaltungen zu organisieren, vom internen Abteilungstreffen bis hin zur internationalen Konferenz.

13.1 Interne Besprechungen organisieren

Übersicht: Eckdaten festlegen

Eckdaten für die Vorbereitung:	Ihr Eintrag:
Welches Ziel oder Thema verfolgt die Besprechung?	
Welcher Zeitpunkt ist günstig? Oder ist bereits ein fester Zeitpunkt bestimmt?	
Wie lange soll die Besprechung dauern?	
Welcher Raum ist geeignet?	
Welche Hilfsmittel werden benötigt?	
Wie viele Teilnehmer werden erwartet?	
Welche Teilnehmer werden im Vorfeld informiert?	
In welcher Form soll die Einladung erfolgen?	
Wer ist für die Tagesordnung zuständig?	
Welche Betreuung der Teilnehmer ist sonst noch erforderlich?	

Checkliste: Vorbereitung von Meetings, Brainstormings und Besprechungen

	Ihr Eintrag/Anmerkungen:
Interne Besprechungen:	
Thema:	
Ziel:	
Datum/Uhrzeit:	
Teilnehmer:	
zugesagt:	
Abgesagt	
Schwebe:	
Tagesordnungspunkte:	
Wer ist zuständig für die Vorbereitung:	
Thema 1: — wer: — bis wann:	
Thema 2: — wer: — bis wann:	
Thema 3: — wer — bis wann:	
Zeitrahmen für die Themen/ Tagesordnungspunkte:	
— TOP 1:	
— TOP 2:	
— TOP 3:	

Interne Besprechungen organisieren

Besprechungsleiter/Moderator:	
Protokollführung:	
Protokollart: Ergebnisprotokoll oder ausführliches Protokoll?	
Besprechungsraum:	
Technische Ausstattung:	
✓ Overhead-Projektor	
✓ Beamer	
✓ Fernseher und Video	
✓ CD-Player	
✓ Kamera	
✓ Pinnwände	
✓ Moderationskoffer	
✓ Flipchart	
✓ Sonstiges	
Unterlagen/Kopien:	
Sitzordnung:	
Bewirtung:	
— Getränke:	
— Speisen:	

Checkliste: Vor dem Meeting

Check-up:	Eintrag/Anmerkungen:
Teilnehmer:	
✓ Agenda verschickt?	
✓ Zu-/Absage -Anzahl	
Arbeitsunterlagen:	
✓ komplett vorhanden?	
✓ alle kopiert?	
Raum-Check-up:	
✓ Bestuhlung/Bestuhlungsplan	
✓ Technisches Equipment (Vollständigkeit/ Funktionsfähigkeit)?	
✓ Ist der Raum störungsfrei gelegen?	
✓ Bewirtung?	
✓ Lichtverhältnisse?	
✓ Telefon im Raum ausgeschaltet?	
✓ Moderationskoffer vollständig?	
✓ Schreibmaterial ausreichend vorhanden?	
✓ Pinnwände mit Papier bespannt und Anzahl Check-up?	
✓ Telefon im Raum ausgeschaltet?	

Check-up:	Eintrag/Anmerkungen:
Wer ist zuständig für die Nachbereitung:	
Beschlüsse/Ergebnis TOP1: — Termin: — Verantwortlich:	
Beschlüsse/Ergebnis TOP2: — Termin: — Verantwortlich:	
Beschlüsse/Ergebnis TOP3: — Termin: — Verantwortlich:	

Erstellung von To-Do-Listen

Ergänzen Sie alle Punkte mit folgenden Kriterien:

- Verantwortlicher Bearbeiter
- Kontrolltermin
- Status
- Erledigungsvermerk: erledigt ja/nein
- Bemerkungen

> **Tipp:**
>
> Legen Sie in jedem Besprechungsraum eine Liste aus, in der einzelne Belegzeiten genau eingetragen werden bzw. führen Sie diese Übersicht elektronisch für jeden einsehbar. Der Besprechungs-/Moderationsleiter kann so auch die ihm zur Verfügung stehende Zeit genau einhalten. Es gibt weniger Überschneidungen!

13.2 Terminplanung

> **Tipp:**
>
> Das A und O für eine professionelle Veranstaltungsorganisation ist eine rechtzeitige Terminplanung. Je früher Sie den Termin festgelegt haben, desto gründlicher können Sie Ihre weitere Planung koordinieren. Die Wahrscheinlichkeit, ein geeignetes Hotel und gute Referenten beziehungsweise VIPs zu bekommen, ist auch viel größer.

Checkliste: Bei der Terminplanung zu beachten

- ✓ Schulferien (Bundesländer)
- ✓ Messetermine
- ✓ Feiertage (regional, national und international)
- ✓ Regionale Festtermine
- ✓ Brückentage zwischen den Feiertagen (Kurzferien)
- ✓ Verkehrsreiche Tage
- ✓ Terminüberschneidungen
- ✓ Terminplanung der VIPs
- ✓ Terminplanung der Referenten
- ✓ Terminplanung der Referenten
- ✓ Betriebliche Hochleistungszeiten
- ✓ Terminüberschneidungen am Veranstaltungsort (andere Großveranstaltungen)
- ✓ Das innerbetriebliche Gesamtterminsgeflecht

13.3 Einladung

Checkliste: Was gehört in die Einladung?

- ✓ Art der Veranstaltung
- ✓ Ziel der Veranstaltung
- ✓ Datum (Beginn der Veranstaltung und voraussichtliches Ende)
- ✓ Ort: (Stadt, Tagungsort, Hotel, Adresse und Telefonnummer et cetera)
- ✓ Namen der Referenten und Moderatoren

- ✓ Namen der Teilnehmer (falls bereits bekannt)
- ✓ VIPs
- ✓ Thema/Tagesordnung
- ✓ Ansprechpartner für Organisatorische
- ✓ Ansprechpartner für Inhaltliches
- ✓ Anmeldeformular (Format als Antwortfax)
- ✓ Anmeldeschluss
- ✓ Rahmenprogramm
- ✓ Übernachtungsmöglichkeit
- ✓ Parkmöglichkeiten
- ✓ Zug-/Bus-/Straßenbahn-/U-Bahnverbindungen
- ✓ Nächstgelegener Flughafen/Bahnhof
- ✓ Hinweise über An- und Abreise (Shuttle-Service)

Checkliste: Form und Versand

Das sollte bei der Form beachtet werden:

- ✓ Druck vor Kopie
- ✓ Hochwertiges Papier
- ✓ Attraktive und geschmackvolle Farbauswahl
- ✓ Handgeschriebener Empfängername, Anlass, Ort oder Zeit (allerdings nur geeignet bei Einladungsverfahren bis maximal hundert Personen!)

Versenden der Einladung:

- ✓ Vorlage der Einladung bei externen Teilnehmern mindestens vier bis sechs Wochen vorher (desto höher ist die Zusagequote!). Sie können auch eine telefonische Nachfass-Aktion starten – je nach Zielgruppe ist auch der E-Mail-Weg ratsam.
- ✓ Verschicken Sie im Vorfeld eine Vorankündigung, damit der Termin von den Teilnehmern schon einmal geblockt werden kann. Diese kann auch per E-Mail vorab geschickt werden.
- ✓ Verwenden Sie eine Antwortkarte. Diese Inhalte sollten darauf enthalten sein:
  - Einladung von Beleitpersonen,
  - Parkplatzwünsche,
  - Ankunfts- und Abreisezeit,
  - Shuttle-Wunsch,
  - Hotel-Zimmerwünsche.

13.4 Budgetplanung

Übersicht: Budgetplanung

	Veranschlagt:	Einzelpreis/ Anzahl:	Gesamtkosten:
Einladungen:			
Entwurf Layout			
Druckkosten			
Versandkosten			
Werbematerial:			
Informationsmappe des Unternehmens			
Seminarunterlagen-Ordner			
Schreibblöcke			
Kugelschreiber			
Präsente für Teilnehmer/Referenten			
Namensschilder			
Tischschilder			
Location:			
Raummiete			
Pauschalarrangements			
— Tagungspauschale			
Tagungsgetränke im Raum			
Getränke zu den Mahlzeiten			

Budgetplanung

	Veranschlagt:	Einzelpreis/ Anzahl:	Gesamtkosten:
Tagungstechnik			
Telefonkosten			
Abendveranstaltung:			
Menü			
Buffet			
Getränke:			
Softdrinks			
Alkoholische Getränke			
Kaffee			
Tee			
Snacks			
Catering (wenn Bewirtung nicht über das Hotel erfolgt):			
Essen:			
— Menü			
— Buffet et cetera			
Getränke :			
Softdrinks			
Alkoholische Getränke			
Kaffee			
Tee			
Snacks			

	Veranschlagt:	Einzelpreis/ Anzahl:	Gesamtkosten:
Externe Dienstleister			
Honorare:			
Trainer			
Moderatoren			
Künstlergage			
Rahmenprogramm			
GEMA-Gebühren			
Übernachtungskosten für Dienstleister			
Verpflegungskosten für Dienstleister			
Sonstiges			
Trinkgelder insgesamt			
Telefonkosten			
Kosten für Schreibbüro/ Tagungsunterlagen			
Reisekosten Veranstaltung			
Flugkosten			
Bahntickets			
Kilometer-Geld			
Parkgebühren			
Gesamt:			

Diese Übersicht können Sie unter http://www.springer.com auf der Seite zum Buch unter „Zusätzliche Informationen" herunterladen, speichern und bearbeiten.

13.5 Tagungen

Checkliste: Tagungsraum

Vor Tagungsbeginn	✓ Erledigt:
Bestuhlungsplan eingehalten?	
Anzahl der Stühle entspricht der Teilnehmerzahl (Reserve beachten)	
Tischschilder sind vorhanden (falls die Sitzordnung vorgeschrieben ist)	
Genügend Ablagefläche (Folien, Manuskripte, Folienstifte)	
Rednerpult mit ausreichender Beleuchtung vorhanden?	
Die Leinwand ist von jedem Platz aus gut zu sehen?	
Plakate und Poster sind angebracht?	
Tagungsmappen liegen bereit?	
Bedruckte Namensschilder liegen in alphabetischer Ordnung zur Übergabe bereit?	
Pinnwände stehen nicht hinderlich und sind von jedem Platz aus sichtbar?	
Laserpointer vorhanden?	
Verdunklungseinrichtungen getestet?	
Schließen alle Vorhänge beziehungsweise Jalousien?	
Wo sind die Lichtschalter?	
Welche Lichtschalter müssen während der Tagung betätigt werden.	
Klimaanlageregelung möglich und wie funktioniert sie?	
Sind die installierten Raum-Telefone abgeschaltet?	

Unmittelbar vor Tagungsbeginn	✓ Erledigt:
Genügend Tagungsgetränke eingedeckt	
Getränkeangebot entspricht der Bestellung — Kalte Getränke im Flaschenkühler — Kaffee, Tee, Zucker, Milch (falls im Tagungsraum gewünscht)	
Flaschenöffner	
Gläser	
Servietten (für Notfälle)	
Notizblöcke und Kugelschreiber liegen auf jedem Platz bereit	
Papierkörbe vorhanden	

Diese Checkliste können Sie unter http://www.gabler.de/Privatkunden/OnlinePLUS.html herunterladen, speichern und bearbeiten.

Checkliste: Tagungstechnik

	Inklusive:	Nur auf Bestellung:	Preis:
Akustische Hilfsmittel			
Mikrofone (Funk, Hand, Head und Stand)			
Kassettenrecorder			
CD-Player mit Verstärker			
Plattenspieler			
Tonanlage (klein/groß)			
Lautsprecher — mobil — integriert			
Simultandolmetscher-Anlage			
Diktiergerät			

	Inklusive:	Nur auf Bestellung:	Preis:
Visualisierung			
Flipchart und -papier			
Whiteboard und Stifte			
Magnettafel			
Laserpointer			
Folien und Folienstifte			
Beamer/Overhead			
Leinwand: ☐ 2,0 x 2,0 m ☐ 2,50 x 2,50 m ☐ 3,0 x 3,0 m			
Pinnwände			
Moderationskoffer			
Digitalkamera			
Fotoapparat			
Computer/Notebook			
Drucker, Verbindungskabel, Schnittstellen			
WLAN/Internetverbindung			
Funkmaus			
Allgemeines			
Telefon-Anschluss			
Telefax-Anschluss			
Fotokopierer			

	Inklusive:	Nur auf Bestellung:	Preis:
Steckdosen (Anzahl)			
Mehrfachstecker			
Verlängerungskabel			
Ersatzbirnen für Projektoren/Beamer			
Büromaterial			
Namensschilder zum Aufstellen und Anstecken			
Uhr			
Sonstiges			

Diese Checkliste können Sie unter http://www.gabler.de/Privatkunden/OnlinePLUS.html herunterladen, speichern und bearbeiten.

Übersicht: Location – persönliche Besichtigung

	Eintrag/Anmerkung:
Name der Location:	
Adresse:	
Telefon:	
Fax:	
E-Mail:	
Ansprechpartner:	
Rezeption: – Telefon – Fax:	

Bankett:	
— Telefon:	
— Fax:	
Lage:	
Flughafen	
Stadtzentrum	
Im Grünen	
Sonstiges	
Geeignete Tagungsräume:	
Länge:	
Breite:	
Höhe:	
Kapazität:	
Raummiete:	
Ausstattung/Sonstiges:	
Zimmer-Anzahl:	
Doppelzimmer:	
— Raucher/Nichtraucher:	
Einzelzimmer:	
— Raucher/Nichtraucher:	
Suiten:	
Behindertenzimmer:	
Check-in Zeit:	

Check-out Zeit:	
Gepäckaufbewahrung:	
— Ja/nein:	
Verpflegung:	
Vollpension:	
Halbpension:	
nur Frühstück	
Hotelrestaurants:	
Name:	
— (Menü/Buffet-Preis pro Person)	
1.	
2.	
3.	
Transfer:	
Flughafen:	
— Entfernung (km/Zeit)/Preis:	
Bahnhof	
— Entfernung (km/Zeit)/Preis:	
Hotel-Shuttle-Bus:	
Bahnhof :	
— Preis:	
Flughafen:	
— Preis:	
Parkplätze:	

— Anzahl/Preis:	
Tiefgaragen-Parkplätze:	
— Anzahl/Preis:	
Freizeiteinrichtungen im Hotel/in der Nähe:	
Fitness:	
Schwimmbad:	
Wellness-Bereich:	
Sonstiges:	
Shopping:	
Unterhaltung:	
Kulturelles:	
Verpflegungskosten pro Teilnehmer:	
Frühstück:	
Kaffeepausen:	
Mittagessen:	
Abendessen:	
Tagungspauschale (Preis pro Teilnehmer):	
8-Stunden-Pauschale:	
24-Stunden-Pauschale:	
Gesamtrechnung möglich?	

Diese Übersicht können Sie unter http://www.springer.com auf der Seite zum Buch unter „Zusätzliche Informationen" herunterladen, speichern und bearbeiten.

Checkliste: Planung von Veranstaltungen

Maßnahmen/Aktivitäten	✓ Erledigen: Wer/Wann?
1. Termin festlegen	
Berücksichtigen Sie dabei:	
✓ Ferientermine	
✓ Feiertage, Gedenktage, Festtage	
✓ Verlängerte Wochenenden, Brückentage	
✓ Überschneidung mit innerbetrieblichen Terminen	
✓ Terminüberschneidungen am Veranstaltungsort	
✓ Messetermine	
✓ Verkehrsreiche An- und Abreisetage Schulferien (Bundesländer)	
✓ Terminüberschneidungen am Veranstaltungsort (andere Großveranstaltungen)	
2. Budgetrahmen festlegen	
2.1 Vorüberlegungen:	
✓ Intern oder extern	
✓ Eintägig oder mehrtägig	
✓ International oder national	
2.2 Kostenrelevant sind im Wesentlichen:	
✓ Einladungsverfahren durch zum Beispiel Druck und Porto	
✓ Reisen der Teilnehmer und Referenten, sofern die Kosten vom Veranstalter übernommen werden	
✓ Honorar für die Referenten	

Maßnahmen/Aktivitäten	✓ Erledigen: Wer/Wann?
✓ Bewirtung	
✓ Übernachtungen	
✓ Raummiete und Betriebskosten	
✓ Miete für technische Geräte	
✓ Dekoration, beispielsweise Blumen	
✓ Rahmenprogramm, zum Beispiel Stadtbesichtigung	
✓ Unterlagen für die Teilnehmer	
3. Veranstaltungsort buchen	
3.1 Kriterien für die Wahl des Veranstaltungsorts:	
✓ Alles unter einem Dach (Konferenz, Essen, Übernachtung)	
✓ Kurze Wege	
✓ Veranstaltungsort ist bekannt und hat sich bewährt	
3.2 Wenn die Konferenz in betriebseigenen Räumen stattfinden soll:	
✓ Belegkapazität ausreichend (entsprechend großer Raum, Tische, Stühle vorhanden)?	
✓ Technikausstattung ausreichend?	
✓ Nebenräume vorhanden, etwa für Konferenzsekretariat?	
✓ Teilnehmerverpflegung möglich?	
✓ Servicepersonal vorhanden?	
3.3 Mögliche externe Veranstaltungsorte:	
✓ Tagungs-/Konferenzhotel	

Maßnahmen/Aktivitäten	✓ Erledigen: Wer/Wann?
✓ Konferenz-/Kongresszentrum	
✓ Stadthalle	
✓ Weitere Adressen – siehe Adressen von Locations	
3.4 Ausstattung des Konferenzraums:	
✓ Bestuhlung, zum Beispiel parlamentarisch, U-Form et cetera	
✓ Rednerpult mit Beleuchtung	
✓ Namensschilder	
✓ Konferenzunterlagen wie Blöcke, Stifte, Seminarordner et cetera	
✓ Konferenz- und Tagungstechnik (Flipchart mit ausreichend Papier, Stifte, Folien, Overhead-Projektor, Folienstifte, Metaplankoffer und Zubehör, Metaplanstellwände und -papier, Mikrofon wie Hand-, Funk- oder Standmikrofon, Videokamera, Beamer, Laptop)	
✓ Beleuchtung (Abdunklung/Tageslicht)	
✓ Klimaanlage	
✓ Beistelltische	
3.5 Konferenzsekretariat:	
✓ Schreibtische und Stühle	
✓ Telefon, Telefax, Computer, Kopierer, Internetanschluss	
✓ Telefonlisten mit wichtigen Rufnummern, zum Beispiel interne	
✓ Rufnummern oder von Technikern des Veranstaltungsorts	
✓ Stadtpläne, Erste-Hilfe-Koffer, Medikamente	

Maßnahmen/Aktivitäten	✓ Erledigen: Wer/Wann?
✓ Büromaterial	
✓ Schreibkräfte	
3.6 Check-up der Hotelzimmerreservierung falls die Teilnehmer übernachten	
3.7 Bewirtung während der Veranstaltung:	
✓ Begrüßungsgetränk	
✓ Pausen vormittags und nachmittags (Getränke, Snacks)	
✓ Getränke während der Vorträge im Konferenzraum	
✓ Mittagessen (Menüwahl/Buffet und Getränke)	
✓ Abendessen (Menüwahl/Buffet und Getränke)	
✓ Vegetarisches Gericht	
4. Rahmenprogramm	
✓ Besichtigungen/Stadtführungen oder anderes so frühzeitig wie möglich buchen	
5. Referenten	
✓ Unbedingt etwa sechs Monate vor der Konferenz einladen und buchen	
6. Einladungsverfahren	
✓ Form der Einladung festlegen (z. B. Klappkarte oder Brief)	
✓ Text entwerfen	
✓ Festlegen der Frist für Rückläufer (der Termin sollte etwa 14 Tage vor der Veranstaltung sein)	
✓ Druckauftrag, sofern Einladungen extern erstellt werden	

Maßnahmen/Aktivitäten	✓ Erledigen: Wer/Wann?
✓ Versand der Einladungen (mindestens sechs Wochen vorher)	
✓ Rückmeldeliste erstellen	
✓ Teilnehmerliste erstellen	
7. Aufträge an Dienstleister, Ausstatter oder Zulieferer	
✓ Hostessen und/oder Servicekräfte	
✓ Beschallung	
✓ Catering	
✓ Technische Geräte, sofern sie gemietet werden	
✓ Taxi- und Busunternehmen	
✓ Endgültige Abstimmung der Zimmerreservierungen mit dem Hotel	
✓ Künstler	
8. Medien	
✓ Information an die (örtlichen) Medienvertreter etwa vier Wochen vor der Veranstaltung und eventuell als Erinnerung nochmals vier bis fünf Tage vorher.	
✓ Vorher „Sprecher" des Unternehmens festlegen	
✓ Pressemappe erstellen	
9. Einteilung internes Personal	
✓ Einlass/Empfang	
✓ Informationsstand	
✓ Referentenbetreuung	

Maßnahmen/Aktivitäten	✓ Erledigen: Wer/Wann?
✓ Konferenzsekretariat	
✓ Fahrdienst	
✓ Fotograf	
10. Abschlussbesprechung	
✓ Etwa drei bis vier Tage vorher mit allen an der Organisation beteiligten Mitarbeitern und externen Auftragnehmern	
11. Letzter Check-up	
✓ Etwa zwei bis drei Stunden vor der Veranstaltung	

Diese Checkliste können Sie unter http://www.gabler.de/Privatkunden/OnlinePLUS.html herunterladen, speichern und bearbeiten.

Checkliste: Nachbereitung von Tagungen

Maßnahmen/Aktivitäten	✓ Erledigen: Wer/wann?
1. Dank- und Feedbackbriefe an alle Helfer	
2. Gemietete Geräte abholen lassen	
3. Bezahlung beziehungsweise Prüfung der offenen Rechnungen	
✓ Gesamtkostenermittlung	
✓ Soll-Ist-Vergleich des Budgets	
4. Manöverkritik mit allen Beteiligten:	
✓ Beurteilung der Veranstaltung	
✓ Ergebnisanalyse	
✓ Verbesserungsvorschläge	

5. Zusammenstellung der Presseresonanz	
6. Versand von Dankschreiben	
✓ eventuell mit einem Präsent (mit Erinnerungsfotos – wirkt persönlicher)	
✓ an Referenten, Gastredner, Moderatoren	
✓ Hotel und sonstige „fleißige" Dienstleister	
7. Versand von Konferenzunterlagen, die erst während oder nach der Veranstaltung gefertigt wurden, zum Beispiel Protokolle oder Fotos	
8. Aktualisierung der Datenbank	
✓ Teilnehmerdaten erfassen beziehungsweise ändern	

Diese Checkliste können Sie unter http://www.gabler.de/Privatkunden/OnlinePLUS.html herunterladen, speichern und bearbeiten.

13.6 Feedback-Bogen

> Tipp:
>
> Nobody is perfect! Verteilen Sie am Ende der Veranstaltung einen Bewertungsbogen und bitten Sie die Teilnehmer um ehrliches Feedback – positiv wie negativ! Nutzen Sie die Hinweise und Anregungen Ihrer Seminarteilnehmer, um zukünftige Veranstaltungen zu optimieren. Verteilen Sie die Fragebögen vor Ende der Tagung mit der Bitte, die ausgefüllten Bögen an Sie zurückzugeben oder ihn einfach auf dem Platz liegen zu lassen.

Feedback-Bogen

Beispielformular: Bewertungsbogen

Ihre Meinung ist uns wichtig!

Daher bitten wir Sie, einige Fragen zur Veranstaltung zu beantworten. Sie helfen uns damit, Verbesserungsmöglichkeiten festzustellen und umzusetzen. Vielen Dank für Ihre Mithilfe!

Name der Veranstaltung:

Datum:

Ort:

Waren Sie mit der Veranstaltung zufrieden?

❏ ja   ❏ nein

Was hat Ihnen besonders gut gefallen?

Was hat Ihnen nicht gefallen?

Wie bewerten Sie die Veranstaltung insgesamt?
(in einer Skala von 1 bis 6, wobei 1 die bestmögliche Wertung ist):

Wie bewerten Sie die Referenten?
(in einer Skala von 1 bis 6, wobei 1 die bestmögliche Wertung ist):
— Inhalt:
— Präsentation:
— Seminarunterlagen:

Welche Themen haben Sie besonders interessiert?

Haben Sie bestimmte Aspekte vermisst bzw. nicht ausführlich genug behandelt gesehen?

Blieb genügend Zeit für den Erfahrungsaustausch mit anderen Teilnehmern?

Waren Sie mit dem Veranstaltungsort zufrieden?	Sehr gut	In Ordnung	Nicht so gut
Stadt			
Hotel			
Zimmerausstattung			
Freizeiteinrichtung des Hotels			
Service			
Bewirtung			
Tagungsraum			
Wie zufrieden waren Sie mit:	Sehr gut	In Ordnung	Nicht so gut
der Betreuung im Vorfeld der Veranstaltung?			
der Organisation vor Ort?			
der Betreuung unserer Mitarbeiter vor Ort?			

Anmerkungen:

Dieses Formular können Sie unter http://www.gabler.de/Privatkunden/OnlinePLUS.html herunterladen, speichern und bearbeiten.

14 Urlaubsvertretung

Bevor Sie Ihren wohlverdienten Urlaub antreten, sollten Sie sicherstellen, dass auch während Ihrer Abwesenheit „der Laden läuft" – Ihre Kollegen und insbesondere Ihre Vertretung wird es Ihnen danken.

In der nachfolgenden Checkliste sind die wichtigsten Punkte aufgelistet, die vor Ihrem Urlaubsantritt geklärt werden müssen, zum Beispiel: Was erwartet Ihr Vorgesetzter oder die Kollegen von der Vertretung? Was ist beim Tagesgeschäft, bei Post, Internet oder der Ablage zu beachten? Welche Termine stehen während dieser Zeit an?

Checkliste: Urlaubsvertretung

Zu klären vor dem Urlaub:	✓ Erledigt:
1. Zusammenarbeit mit Vorgesetzten:	
Gibt es feste Gegebenheiten/Absprachen/Regelungen?	
Wer kocht morgens den Kaffee?	
Was trinkt er/sie den ganzen Tag über?	
Was kann er/sie überhaupt nicht leiden?	
Organisation der Mittagspause?	
Feste Uhrzeit für Besprechungen?	
Wer sind wichtige Gesprächspartner?	
Welche Anrufe dürfen durchgestellt werden, welche nicht?	
Darf das Büro des Vorgesetzten betreten werden, wenn dort Besucher sind? Dürfen währenddessen Telefonate durchgestellt werden?	
Welche Informationen gehören auf den Schreibtisch?	
Wo soll die Eingangspost deponiert werden?	

Zu klären vor dem Urlaub:	✓ Erledigt:
2. Wichtige Personen/Kollegenkreis	
Namen und Zuständigkeiten der Personen notieren, mit denen der Vorgesetzte regelmäßig zu tun hat.	
Notieren, wer von diesem Personenkreis bevorzugt behandelt wird.	
Ansprechpartner für Probleme Ihrer Vertretung bekannt geben.	
Gibt es wichtige zu erwartende Anrufe während Ihres Urlaubs?	
3. Allgemeines Tagesgeschäft	
Weisen Sie auf Routinetätigkeiten hin und geben Sie einen Überblick über das Tagesgeschäft.	
Weisen Sie auf feste Gegebenheiten hin.	
Geben Sie eine Übersicht über aktuelle Projekte und Vorgänge (Namen und Telefonnummern Ihres jeweiligen Ansprechpartners sind zu notieren).	
Muss während Ihres Urlaubs bei bestimmten Projekten/Terminen „nachgehakt" werden?	
Was ist bei einem Besuch vorzubereiten (Anmeldung beim Pförtner, Kaffee, Gebäck)?	
Informieren Sie über Vorgänge, die Sie bereits vorbereitet haben, um Ihre Vertretung zu entlasten.	
4. Post/E-Mail	
Gibt es ein System, nachdem die Post sortiert wird?	
Interne Verteilung der Post.	
Welche Post darf nicht geöffnet werden?	
Kann übliche Werbung sofort weggeworfen werden?	

Zu klären vor dem Urlaub:	✓ Erledigt:
Welche Post soll/kann durch die Vertretung bearbeitet werden? Wie sind die Vollmachten der Vertretung bei der Bearbeitung der Post?	
Wer darf Rechnungen abzeichnen? Vollmacht? Höhe?	
5. Ablagesystem/Wiedervorlage	
Aktualisieren Sie Ihre Ablage	
Geben Sie wichtigste Merkmale und Strukturen des Ablagesystems bekannt, damit die Vertretung benötigte Unterlagen finden kann.	
Wo findet man Adressen, Visitenkarten und wichtige Telefonnummern?	
Wo sind vertrauliche Dokumente abgelegt, hat die Vertretung Zugang?	
„Bearbeitete" Ablage, die während Ihres Urlaubs entsteht, soll liegengelassen werden, da sie nach Ihrem Urlaub von Ihnen gesichtet und selbst erledigt wird.	
6. Termine	
Geben Sie alles Wichtige über anstehende Termine an die Vertretung weiter.	
Erklären Sie die Terminvergabe (muss der Chef vorher gefragt werden?)	
Welche Vollmachten hat Ihre Vertretung bei der der Terminvergabe?	
Gibt es feste Termine?	
7. EDV-Zugriff	
Hat Ihre Vertretung ein Zugriffsrecht auf wichtige Postfächer?	
Schreib- und Leserechte für bestimmte Laufwerke eingerichtet?	
Organisation des Computers: − Wo sind Musterbriefe, Vorlagen, Formulare abgelegt? − Wie sind die Dateiordner organisiert?	

Zu klären vor dem Urlaub:	✓ Erledigt:
8. Sonstiges	
Schlüsselübergabe für Büro, Schreibtisch, Safe	
Wie und wo werden Reise/Flüge gebucht?	
Wie werden Reisekosten abgerechnet?	
Wichtige Geburtstage oder Jubiläen während Ihres Urlaubs?	
Adresse und Rufnummer vom Urlaubsort hinterlassen.	

Diese Checkliste können Sie unter http://www.gabler.de/Privatkunden/OnlinePLUS.html herunterladen, speichern und bearbeiten.

14.1 Checkliste: Abwesenheit im Büro

Vor dem Urlaub zu erledigen:

- Auflistung und ToDos
- Alle ToDos vor dem Urlaub erledigen
- Offene Aufgaben an Vertreter delegieren
- Offene, nicht delegierbare Aufgaben in Urlaubsliste

Während dem Urlaub zu erledigen:

- Auflistung und ToDos während dem Urlaub
- Wichtige Termine vor oder nach dem Urlaub legen
- Aufgaben delegieren und festlegen (wer, was, bis wann)
- Vertreter über Termine während des Urlaubs informieren

Vertretung regeln

- Wer soll in welcher Angelegenheit vertreten
- Kompetenzen klar verteilen
- Prioritäten mitteilen
- Vorgesetzte und Mitarbeiter über Vertretung informieren

Kontaktmöglichkeiten während des Urlaubs

- Telefonnummer für Notfälle
- Festlegen, wer anrufen darf
- Festlegen, in welchen Fällen Kontaktaufnahme erfolgt

E-Mail:

- Weiterleitung meiner E-Mails an meine Vertretung
- Automatische E-Mail-Antwort für meine Abwesenheit unter Angabe
    - Des Zeitraumes der Abwesenheit
    - Wie die Vertretung geregelt ist

Telefon

- Telefonumleitung an den Vertreter oder
- Telefonumleitung an die Zentrale einrichten und diese auch vorher informieren

Schreibtisch

- Schreibtisch aufräumen
- Ablagemappen
    - Für dringende Angelegenheiten
    - Für weniger Dringendes und Infos

15 Zeitmanagement

15.1 Wo bleibt Ihre Zeit

Grundregel der Zeitplanung (60 : 40 Regel)

ca. 60 %   geplante Aktivitäten

ca. 20 %   unerwartete Aktivitäten (Pufferzonen, Zeitfresser …)

ca. 20 %   spontane Aktivitäten (Führung, kreative Zeiten, soziale und kommunikative Dinge)

FAZIT:

Sie wissen nicht, was auf Sie zukommt, aber Sie wissen, dass etwas auf Sie zukommen wird.

Checkliste: Die häufigsten Zeitfresser

Die Zeitfresser am Arbeitsplatz:	Häufigkeit (selten/häufiger/sehr oft):
Telefon	
Besucher	
Chef	
Kollegen	
Zu viel Bürokratie	
Zu wenig/fehlende Informationen	
Zu viel Informationen	
Zu viel lesen müssen	
Zu viel Arbeit gleichzeitig	
Keine Entscheidung von oben	
Unklare Prioritäten	

Die Zeitfresser am Arbeitsplatz:	Häufigkeit (selten/häufiger/sehr oft):
Ständig wechselnde Prioritäten	
Unklare Arbeitsziele	
Engpässe bei Krankheiten anderer	
Schlechtes Betriebsklima	
Defekte Geräte	
Veraltete Geräte	
Zu viele Besprechungen	
Suche nach Unterlagen	
Unklare Unterlagen und Dokumente	
Zu viele Fehlerkorrekturen	
Versuch, zu viel auf einmal zu tun	
Eigenerzeugter Termindruck	
Keine Prioritäten durchsetzen	
Fehlende eigene Entscheidungen	
Mangelnde Motivation	
„Aufschieberitis"	

Checkliste: Ihre persönlichen Zeitdiebe

Persönliche Zeitdiebe:	Häufigkeit (selten/häufiger/sehr oft):
Routinearbeiten	
Zu wenig Kommunikation	
Zu viel Kommunikation	

Persönliche Zeitdiebe:	Häufigkeit (selten/häufiger/sehr oft):
Mangelnde eigene Teambereitschaft	
Mangelnde Teambereitschaft anderer	
Übermäßige Perfektion	
Zu wenig Delegation	
Schlechte Konzentration	
Geringe Selbstdisziplin	
Nicht „Nein" sagen können	
Fehlende Kreativität/Phantasie	
Private Gedanken/Persönliche Probleme	

15.2 Zeitprotokoll

Übersicht: Beispiel: Erstellen Sie Ihr persönliches Zeitprotokoll

Datum: 24.02.2005
Wochentag: Montag

Uhrzeit	Aktivität	Dauer
7:30	Arbeitsbeginn	
7:30	Kaffee	15 min
7:45	Post/E-Mails durchgegangen	45 min
8:30	Kundenanrufe	30 min
9:00	Angebote eingeholt und verglichen, Entscheidung getroffen	60 min
10:00	Telefonische Reklamation bearbeiten	40 min

10:40	Besprechung mit Chef (Post, Projekte, Messe)	50 min
11:30	Informationsrecherche Internet	60 min
12:30	Mittagspause	60 min
13:30	... (Pufferzeit für Unvorhergesehenes)	30 min
14:00	Abteilungsbesprechung (Protokoll aufnehmen)	60 min
15:00	E-Mails bearbeiten	20 min
15:20	Terminbestätigungen Meeting Mittwoch verschicken	10 min
15:30	Protokoll (Besprechung 14:00 Uhr) anfertigen und verschicken	60 min
16:30	Besprechungsraum für Dienstag vorbereiten (Kopien, Technik-Check-up, Catering bestellen)	30 min
17:00	To-Do-Liste Dienstag anfertigen	10 min
17:10	Arbeitsschluss	

Tipp:

Erstellen Sie ein solches Protokoll für jeden Wochentag. Nach Erstellung dieses Protokolls stellen Sie sich nun folgende Fragen:

– War mein Tag nach meiner Zielsetzung realistisch strukturiert?

– Haben die geplanten Aktivitäten mehr Zeit als erwartet in Anspruch genommen?

– Wie viele Unterbrechungen oder Zeitfresser gab es?

– Wann war ich am produktivsten (Uhrzeit)?

So bekommen Sie einen optimalen Überblick über alle Aktivitäten Ihres Tages und erkennen genau, wo Optimierungsbedarf ist!

15.3 Tipps zur Zeitersparnis

Checkliste: Mehr Effizienz

Effizienzvorteile durch:

- ✓ Immer schriftlich planen. Dies dient als Gedächtnisstütze und motiviert zusätzlich, das geplante auch durchzuführen.
- ✓ Legen Sie den Zeitbedarf pro Arbeitsschritt fest. Vorsicht: Nicht zu kurze Zeitabschnitte einplanen.
- ✓ Fassen Sie Arbeiten am gleichen Ort zusammen, zum Beispiel einmaliger Gang zum Kopierer, Fax, ...
- ✓ Fassen Sie gleichartige Aufgaben zusammen, zum Beispiel E-Mails beantworten, Telefonate et cetera.
- ✓ Stimmen Sie Ihren Zeitplan mit allen Beteiligten ab.
- ✓ Berücksichtigen Sie bei Ihrer Planung Pufferzeiten für Unvorhergesehenes. Legen Sie diese Zeit auf gewohnheitsmäßig ruhigere Tageszeiten. Je nach Branche/Person/Tätigkeit unterschiedlich.
- ✓ Analysieren Sie bei Ihrer Tagesplanung, wie viel Zeit durch Zeitfresser verloren gehen.
- ✓ Tun Sie jeden Tag mindestens eine Sache, die Ihnen persönlich Freude bereitet.
- ✓ Ermitteln Sie Ihre persönliche Leistungskurve! Passen Sie Ihre Tagesplanung an Ihren Biorhythmus an. Legen Sie in ihr ...
    - Leistungshoch: Ihre A-Aufgaben
    - Leistungstief: Ihre C-Aufgaben
    - Zwischenhoch: Ihre B-Aufgaben
- ✓ Delegieren Sie mehr! Hier die wichtigsten Delegations-Regeln:
    - Was soll getan werden? (Inhalt)
    - Wer soll es tun? (Person)
    - Warum soll er/sie es tun? (Ziel)
    - Wie soll er/sie es tun? (Details)
    - Wann soll es erledigt sein? (Termin)
- ✓ Optimaler Abschluss und richtige Arbeitsvorbereitung für den nächsten Tag ist kurz vor Feierabend für den nächsten Tag. Die ideale Vorgehensweise ist:
    - Alle Aufgaben aufschreiben
    - Nach A, B, C, einteilen
    - Aufgaben nach Wichtigkeit ordnen
    - Zeit für unvorhergesehene Aufgaben reservieren (Pufferzeit, Reserve)

- Erledigungskontrolle
- Serienkontrolle (Telefonblock, Diktierblock)
- Tagesrückblick/-ausblick (sog. Psychohygiene)
- Schriftlich planen – und zwar am Vorabend!

✓ Arbeiten Sie mit Checklisten für immer wiederkehrende Arbeiten.

✓ Sagen Sie Nein ohne zu verletzten:

- sofort nein sagen,
- eine Begründung liefern,
- eine Alternative anbieten.

Beispiel: Sie arbeiten gerade an einem umfangreichen Protokoll, das Ihnen Ihr Chef vor wenigen Minuten auf den Tisch gelegt hat. Er braucht die Unterlagen am besten gestern schon. Eine halbe Stunde später kommt er herein und bittet Sie, sofort eine Besprechung mit drei weiteren Abteilungsleitern zu vereinbaren. Was tun Sie? Richtig: Nein sagen und zwar so:

Lösung: „Tut mir leid, Herr Schneider, aber ich kann die Besprechung im Moment nicht vereinbaren, (sofort nein sagen) weil ich gerade noch das dringende Protokoll fertig stelle (eine Begründung liefern). Um halb zwei dürfte das aber fertig sein, kann ich mich dann um die Besprechung kümmern? (Alternative anbieten)."

Tipp: Nennen Sie auf jeden Fall einen realistischen Zeitpunkt, schauen Sie auf Ihre To-Do-Liste.

15.4 So setzen Sie Ziele

Checkliste: Klare Zielsetzung

Ziele formulieren, definieren und umsetzen

✓ Was soll erreicht werden

✓ Wie viel soll erreicht werden?

✓ Wie soll das Ziel erreicht werden?

✓ Wer soll das Ziel erreichen?

✓ Wann soll das Ziel erreicht werden?

✓ Wo soll das Ziel erreicht werden

✓ Warum soll das Ziel erreicht werden?

„Nachdem wir das Ziel endgültig aus den Augen verloren hatten, verdoppelten wir unsere Anstrengungen".

(Mark Twain)

„Wer A sagt muss nicht B sagen. Er kann auch erkennen, dass A falsch war."

(Berthold Brecht)

15.5 Das Prinzip der Schriftlichkeit

Gründe für die Schriftlichkeit

- Keine Angst, etwas **zu vergessen**. Ihre Pläne werden zu Ihrem besten Gedächtnis.
- Aufschreiben **entlastet Ihren Kopf**. Ihr Gehirn weiß jetzt, ich kann die Sache loslassen, mich auf etwas anderes konzentrieren.
- **Gedankenspiralen** und **endloses Grübeln** wird unterbrochen. Schreiben Sie auch auf, was Sie bedrückt, dadurch verlieren diese Gedanken oft die Macht über Sie.
- Aufschreiben macht Ihre Aufgaben und Ideen **verbindlicher**. Das geschriebene Wort hat eine andere Bedeutung für uns.
- Sie durchdenken Ihre Aufgaben **konzentrierter und fokussierter**. Denken mit dem Stift lässt weniger Raum für Ablenkungen.
- Aufgeschriebene Pläne können Sie besser an Dritte weitergeben. **Delegieren wird einfacher**.
- Sie durchdenken durch das Aufschreiben Ihre Aufgaben besser. So **verhindern Sie Doppelarbeit und unnötige Fehler**.
  Das ist einer der wichtigsten Gründe.

15.6 Das Aufschiebetagebuch

Tipp:

„Der beste Freund des Menschen – nach dem Hund – ist der Papierkorb"

Wenn Sie Dinge haben, von denen Sie nicht bestimmt wissen, ob Sie sie noch mal benötigen, legen Sie diese in einen Vorpapierkorb. Nach dem gleichen Muster können Sie auch bei Ihren Mails verfahren. Einmal im Monat durchforsten Sie diesen Papierkorb. Er verhilft Ihnen zu einem ruhigen Gewissen.

Beantworten Sie sich die nächsten Fragen

- Zeitpunkt, wann Sie etwas aufschieben
- Aufgabe, Priorität
- Gedanken und Gefühle
- Grund für das Aufschieben
- welche Verzögerungstaktik
- Ihre Versuche und Bemühungen, mit Nervosität fertig zu werden oder zu verringern.
- Die daraus resultierenden Gefühle und Gedanken

So hilft Ihnen das Tagebuch

Das Tagebuch kann helfen:

- Verhaltensmuster freizulegen
- die Art von Situationen, genauer zu sehen
- belastende Gefühle und Gedanken, wahrzunehmen
- Rituale zu entwickeln

15.7 Das Direktprinzip

Beispiele für Aufgaben (3 - 5 Minuten)

1. Mails beantworten – Ihr Gehirn ist jetzt auf Empfang (im Thema)
2. Rückrufe
3. Fragen
4. Schnellentscheidungen alle Art
5. Delegieren
6. Wegwerfen
7. Infos einholen, nachschlagen
8. Spontane Ideen notieren

Vorsicht: Reißleine ziehen, wenn eine Aufgabe doch länger dauert: Auf To-Do-Liste schreiben

15.8 Checklisten – so erleichtern Sie sich das Leben

Vorteile von Checklisten

- Weniger Planungsarbeit notwendig
- Weniger Energie
- Delegieren wird erleichtert
- Kein „negativer Stress"
- Umfangreiche Arbeiten werden in Teilschritte zerlegt
- Frühere Erfahrungen können einbezogen werden
- Mehr Sicherheit/Sie vergessen weniger
- Perfekte Organisation

Checkliste: So entsteht eine Checkliste

- ✓ Brainstorming mit sich selbst oder anderen
- ✓ Alles zunächst ungeordnet aufschreiben, was das Gehirn hergibt
- ✓ Stets Kärtchen für Notizen mit sich führen (für spontane Ideen)
- ✓ Auch gerade vermeintliche Nebensächlichkeiten notieren
- ✓ Wörter wie „vielleicht, und so weiter, eventuell" vermeiden

---

Typische Anwendungsbeispiele

- Planung und Durchführung von Besprechungen und Verhandlungen
- Vorbereiten von Reden, Tagungen, Seminaren
- Leitfaden zur Einarbeitung neuer Mitarbeiter
- Einführung von Neuprodukten
- Beobachtungen des Wettbewerbs
- Mitarbeiterbeurteilung
- Auftragsannahme und Bestellung
- Reisevorbereitung
- Werbeplanung und -durchführung

- Bewerbungsgespräche
- Reklamationsabwicklung
- Pressekonferenz

15.9 Persönlichkeitsanalyse

Test: Welche Persönlichkeit sind Sie?

Beantworten Sie bitte diese Aussagen mit Hilfe der Bewertungs-Skala (1-5), so wie Sie sich zurzeit in Ihrer Berufswelt sehen. Schreiben Sie den entsprechenden Zahlenwert in das dafür vorgesehene Kästchen.

Die Aussage trifft auf mich in meiner Berufswelt zu:

- voll und ganz = 5
- meist = 4
- etwas = 3
- kaum = 2
- gar nicht = 1

Aussagen:	Bewertung:
1. Mein Motto lautet: Immer am Ball bleiben.	
2. Fehler zu akzeptieren fällt mir schwer.	
3. Ziele so schnell wie möglich erreichen, nur dann hat man Ruhe.	
4. Die meisten Aufgaben lassen sich bestimmt effizienter erledigen.	
5. Meine persönlichen Probleme gehören nicht in meinen Beruf.	
6. Probleme löse ich ohne fremde Hilfe.	
7. Ich sage oft mehr, als eigentlich nötig wäre.	
8. Ich bin ständig auf Trab.	
9. Ich möchte, dass alle, die mit mir zusammenarbeiten, sich wohlfühlen.	

10. Arbeiten liefere ich grundsätzlich pünktlich und vollständig ab.

11. Mein Motto lautet: Wenn ich eine Meinung äußere, begründe ich sie auch.

12. Egal welche Arbeit ich mache, es wird jede gründlich gemacht.

13. Oft denke ich Sätze wie: „Macht mal vorwärts." – „Zeit ist Geld."

14. Es ist mir unangenehm, andere Leute zu kritisieren.

15. Ich zeige keine Schwächen.

16. Es ist mir wichtig, von anderen zu erfahren, ob ich meine Sache gut gemacht habe.

17. Leute, die „herumtrödeln", regen mich auf.

18. Jedes Detail, auch ein nebensächliches, komplettieren das Ganze.

19. Aufgaben erledige ich möglichst rasch.

20. Für mich ist es wichtig akzeptiert zu werden.

21. Nur hart erarbeiteter Erfolg zählt.

22. Ich halte mich für diplomatisch und achte die Meinung anderer.

23. Emotionale Barrieren schaffen die notwendige Distanz

24. Ich mache keine halben Sachen und führe meine Aufgaben konsequent zu Ende.

25. Die Erwartungshaltung anderer lässt mich entsprechend handeln.

26. Ich nehme das Leben nicht auf die leichte Schulter.

27. Ich bin ungeduldig.

28. Ich verschiebe meine Termine/Wünsche oft zugunsten anderer Personen.

29. Um Erfolge muss man kämpfen.

30. In Besprechungen unterbreche ich andere in ihren Ausführungen, weil ich meine Standpunkte gleich anbringen möchte.

31. Ich sage eher: „Könnten Sie bitte…?" statt „Bitte machen Sie…"

32. Beim Erklären von Sachverhalten stelle ich immer alles ganz genau und exakt dar.

33. Ich bevorzuge zu anderen eine gewisse Distanz.

34. Ich empfinde, dass andere Sachverhalte meist nur oberflächlich betrachten.

35. Bei Besprechungen und Diskussionen gebe ich gerne positives Feed-back Kopfnicken, lächeln, Gesten des Verstehens und Bejahens).

36. Fehler akzeptiere ich nur selten.

37. Wenn ich etwas erreichen möchte bin ich sehr hartnäckig.

38. Auch wenn ich alles gebe, schaffe ich viele Dinge nicht.

39. Ich frage häufig: „Ist das immer noch nicht erledigt?"

40. Meine äußere Härte soll möglichst wenig Angriffsfläche bieten.

41. Ich motiviere mich selbst.

42. Ich mache viele Dinge gleichzeitig.

43. Meine Probleme haben in der Firma nichts verloren.

44. Ich wirke eher ernst.

45. Ich sage häufig: „Verstehe ich nicht."

46. Mich bringt so schnell nichts aus der Bahn.

47. Ich behalte in emotional geladenen Situationen immer einen kühlen Kopf.

48. Ich sage oft: „Genau", „exakt", „klar", „logisch", „präzise".

49. Ich versuche, besser als die anderen zu sein.

50. Ich schätze es, wenn andere auf meine Fragen rasch und aussagekräftig antworten.

Persönlichkeitsanalyse

Auswertung der Analyse:

Übertragen Sie die Punktezahl, die Sie für die jeweilige Frage vergeben haben:

STRENG DICH AN!

Fragen-Nr.:	1	13	22	24	26	29	34	38	41	45
Punkte:										
						PUNKTZAHL:				

BEEILE DICH!

Fragen-Nr.:	3	8	17	19	27	30	37	39	42	50
Punkte:										
						PUNKTZAHL:				

MACH ES JEDEM RECHT!

Fragen-Nr.:	7	9	14	16	20	21	25	28	31	35
Punkte:										
						PUNKTZAHL:				

ZEIGE STÄRKE!

Fragen-Nr.:	5	6	15	23	33	36	40	43	46	47
Punkte:										
						PUNKTZAHL:				

SEI PERFEKT!

Fragen-Nr.:	2	4	10	11	12	18	32	44	48	49
Punkte:										
						PUNKTZAHL:				

Welcher Typ sind Sie? In der folgenden Checkliste finden Sie die Eigenschaften, die Ihren Persönlichkeitstyp ausmachen.

Checkliste:	Sind Sie Antreiber oder Erlauber?
Die fünf Antreiber	
Antreiber „Sei perfekt!":	✓ Genauigkeit ✓ Gründlichkeit ✓ Präzision ✓ Liebe zum Detail
Antreiber „Beeil dich!, Mach schnell!":	✓ Dynamik ✓ Tempo ✓ Arbeiten unter Zeitdruck ✓ Übernahme von sehr viel Verantwortung
Antreiber „Streng dich an!":	✓ Fleiß ✓ Einsatz ✓ Aufopferung ✓ Pflichtbewusstsein
Antreiber „Mach es allen recht!, Sei gefällig!":	✓ Freundlichkeit ✓ Verbindlichkeit ✓ Bescheidenheit ✓ Rücksichtnahme ✓ Loyalität ✓ Kontaktfähigkeit
Antreiber „Sei stark!":	✓ Durchhaltevermögen ✓ Durchsetzungsvermögen ✓ Härte ✓ Aggression

✓ Die fünf Erlauber	
Erlauber „Du hast es gut gemacht, es genügt":	✓ Offenheit ✓ Natürlichkeit ✓ Spontaneität.
Erlauber „Du darfst dir Zeit nehmen.":	✓ Geduld ✓ Beharrlichkeit, ✓ Positives Denken ✓ In der Ruhe liegt die Kraft
Erlauber „Es darf dir leicht gelingen.":	✓ Ruhe ✓ Besonnenheit ✓ Ausgeglichenheit ✓ Zufriedenheit
Erlauber „Du kommst zuerst, Denk auch an dich.":	✓ Selbsterkenntnis ✓ Selbstachtung ✓ Rücksichtnahme auf sich selbst
Erlauber „Du darfst dich zeigen wie du bist, Du bist akzeptabel.":	✓ Selbstverantwortung ✓ Klarheit über eigene Ziele ✓ Gefühle zeigen ✓ Selbstbewusstsein

Versuchen Sie sich anhand der Auswertung selbst zu erkennen. Alle Antreiber haben natürlich Vorteile im Büroalltag. Es gibt auch Mischformen. Bedenklich wird es dann, wenn der Arbeitsablauf durch das extreme Ausleben eines Antreibers gestört und gebremst wird.

Selbst-bewusst-sein (= Meine Antreiber kennen) kann den Arbeitsstil verändern: „Ach, jetzt kommt mein Antreiber wieder durch: Dieses Mal werde ich …". Setzen Sie sich selbst Ihre eigenen Antreiber und Erlauber!

15.10 Optimales Aufgabenmanagement

Checkliste: Haben Sie Ihre Aufgaben im Griff?

Aussagen:	ja	Eher ja	Eher nein	nein
Ich „verzettele" mich nie, sondern behalte immer die Übersicht über meine Notizen.				
Ich weiß immer „auf einen Blick", was ich noch erledigen muss und was ich schon erledigt habe.				
Ich finde immer „mit einem Griff" und ohne zu suchen, was ich gerade brauche.				
Ich setze bewusst Prioritäten und weiß immer, was als Nächstes an der Reihe ist.				
Ich kann mich gut konzentrieren und lasse mich nicht ablenken oder stören.				
Ich weiß immer, welche Aufgaben ich nicht annehmen sollte, und kann auch Nein sagen.				
Meine Notizen für andere sind übersichtlich und strukturiert.				
Ich unterstütze andere bei Ihrer Büro-Organisation, sofern Sie Hilfe brauchen.				
Ich bin mit der Art, wie Aufgaben an mich delegiert werden, zufrieden.				

Diese Checkliste können Sie unter http://www.gabler.de/Privatkunden/OnlinePLUS.html herunterladen, speichern und bearbeiten.

> **Tipp:**
>
> Wo liegen Ihre Kreuze überwiegend? Mit dem Fragebogen erfassen Sie den aktuellen Stand Ihres Aufgabenmanagements und können daraus Ihre Ziele entwickeln. Die Aufgaben im Griff zu haben, zu wissen, was zu tun ist, den Überblick zu behalten, verantwortungsbewusst und aktiv zu handeln – all das sind realistische Ziele in einem Büro!

15.11 Die ALPEN-Methode – so erklimmen Sie den Berg

A	Aufschreiben	Aufgaben, Termine und Aktivitäten notieren, Unerledigtes übertragen
L	Länge schätzen	Zeitdauer der Aktivitäten realistisch schätzen
P	Pufferzeiten reservieren	40 % der Arbeitszeit als Puffer einplanen
E	Entscheidungen treffen	Prioritäten setzen, delegieren, Aufgaben streichen oder verschieben
N	Nachhalten	Erledigung kennzeichnen, Änderungen protokollieren

15.12 Prioritäten richtig setzen

Grundregeln

✓ Sobald Prioritäten unklar sind oder sich widersprechen, frage ich nach.

✓ Bei widersprüchlichen Prioritäten von unterschiedlichen Mitarbeitern, überlasse ich die Entscheidung den Betroffenen.

✓ Wichtige Aufgaben, die nicht dringend sind, plane ich langfristig, sodass sie erledigt sind, bevor sie dringend werden.

✓ Aufwändige Aufgaben teile ich in übersichtliche Arbeitspakete oder reserviere dafür störungsarme Zeiten.

✓ Ich sehe auf einen Blick, welche Aufgaben noch anliegen und was sie für eine Priorität haben.

■ Stellen Sie sich bei allen Tätigkeiten folgende Fragen:
- Muss sie so erledigt werden?
- Muss sie jetzt erledigt werden?
- Muss ich sie erledigen?
- Muss sie überhaupt erledigt werden?

- Listen Sie alle Aufgaben auf, die Sie erledigen müssen.
- Ordnen Sie dann alle Aufgaben nach Dringlichkeit und bringen Sie diese in eine Reihenfolge.
- Prüfen Sie ob, die Reihenfolge stimmt – Rücksprache mit Chef beziehungsweise Kollegen.
- Starten Sie mit Aufgabe 1 und arbeiten Sie so lange daran bis Aufgabe 1 fertig ist.
- Konzentrieren Sie sich jeweils nur auf eine Aufgabe.
- Prüfen Sie dann ob die Reihenfolge noch stimmt.
- Dann mit Nr. 2 beginnen und so lange daran arbeiten, bis Nr. 2 fertig ist.
- Delegieren Sie alle Aufgaben, die von anderen durchgeführt werden können. Durch richtiges Prioritäten setzen, werden alle Aufgaben noch effektiver erledigt!

Übersicht: So setzen Sie Prioritäten

Warum überhaupt?	To Do
Muss das überhaupt getan werden?	
Was passiert, wenn es nicht erledigt wird?	
Nichts?	eliminieren
Warum ich?	**To Do**
Muss ich das erledigen?	
Kann die Aufgabe vielleicht sogar besser, schneller, billiger von jemand anderem übernommen werden?	delegieren
Warum jetzt?	**To Do**
Muss ich die Aufgabe sofort erledigen?	
Ist es vielleicht effizienter, sie später in Angriff zu nehmen?	terminieren

Prioritäten richtig setzen

Warum so?	To Do
Ist die Methode, Technik, die ich anwende, um die Aufgabe zu bewältigen, rationell?	
Gibt es vielleicht bessere Verfahren, die mir die Arbeit erleichtern, weniger Zeit in Anspruch nimmt und sogar Kosten spart?	rationalisieren

Checkliste: Das Eisenhower Prinzip

Prioritäten setzen nach den Kriterien:		
— Dringlichkeit der Aufgabe		
— Wichtigkeit der Aufgabe		
Warten	Sofort tun	Delegieren

Anwendung:

- Aufgaben, die dringend und wichtig sind, muss ich selber erledigen und sofort in Angriff nehmen.
- Aufgaben von hoher Wichtigkeit, die aber noch nicht dringlich sind, können delegiert werden.
- Aufgaben, die keine hohe Wichtigkeit haben, aber dringlich sind, können delegiert werden.
- Von Aufgaben, die weder dringlich noch wichtig sind, nehme ich Abstand (Ablage, Papierkorb)

Das Pareto-Prinzip

- 20 % Ihrer Kunden sind so wichtig, dass sie für 80 % Ihres Umsatzes verantwortlich sind.
- 20 % Ihrer Waren bringen 80 % des Umsatzes.
- 20 % der Produktionsfehler verursachen 80 % des Ausschusses.
- 20 % Ihrer Papiere enthalten 80 % der für Sie wichtigen Informationen.
- 20 % der Besprechungszeit bewirken 80 % Ihrer Beschlüsse.

Ihre Arbeitsorganisation

- 20 % Ihrer Aufgaben sind so wichtig, dass Sie damit 80 % Ihres Arbeitserfolges erreichen werden.

Übersicht: Wertanalyse der Zeitverwendung

A – B – C – Analyse	Wert der Tätigkeit
65 % A-Aufgaben (sehr wichtig)	15 % tatsächliche Zeitverwendung
20 % B-Aufgaben (wichtig)	20 % tatsächliche Zeitverwendung
15 % C-Aufgaben (Kleinkram, Routine-Aufgaben)	65 % tatsächliche Zeitverwendung

Übersicht: So behalten Sie die Übersicht

A	Dinge, die ich selbst noch heute erledigen muss.	Die wichtigsten Aufgaben
B	Dinge, die heute erledigt werden sollten.	Aufgaben von **mittlerer Wichtigkeit**
C	Dinge, die ich heute erledigen will, die aber noch warten können.	Aufgaben von **geringer Wichtigkeit**

15.13 Richtig delegieren

Checkliste: Test: Wie gut können Sie delegieren?

Trifft auf Sie zu:	Ja:	Nein:
Nehmen Sie regelmäßig Arbeit mit nach Hause?		
Arbeiten Sie länger als Ihre Kollegen?		
Verbringen Sie Zeit damit, Dinge für andere zu erledigen, die diese genauso gut selbst erledigen könnten?		
Kennen Ihre Kollegen Ihre wichtigsten Aufgaben und Tätigkeiten gut genug, um diese – falls Sie plötzlich ausfallen – übernehmen zu können?		

Trifft auf Sie zu:	Ja:	Nein:
Ich kümmere mich persönlich auch um nebensächliche Dinge.		
Wenden Sie Zeit für Routinearbeiten auf, die durch andere erledigt werden könnten?		
Wollen sie überall Ihre Hand im Spiel haben und über alles informiert sein?		
Haben Sie Mühe, sich an Ihre Prioritätenliste zu halten?		
Ich liefere meine erledigten Aufgaben erst ab, wenn ich sie mehrere Male kontrolliert habe.		
Fehlt Ihnen Zeit zur Planung Ihrer Aufgaben und Tätigkeiten?		
Zählen Sie Ihre „Ja-Antworten" zusammen:		

Auswertung:

- null bis zwei „Ja-Antworten": Sie delegieren ausgezeichnet.
- drei bis sechs „Ja-Antworten": Sie können Ihre Delegation noch an wesentlichen Punkten verbessern.
- sieben bis zehn „Ja-Antworten": Die Delegation stellt für Sie ein ernsthaftes Problem dar. Sie sollten der Lösung dieses Problems absoluten Vorrang einräumen.

Tipp:

Delegieren heißt, die Last gemeinsam zu tragen. Neben der Tatsache, dass Sie selbst zahlreiche Aufgaben durch Ihren Chef oder Kollegen delegiert bekommen, sollten Sie auch die Möglichkeit nutzen, gegebenenfalls selbst Aufgaben an andere zu delegieren. Insbesondere viele Sekretärinnen trauen sich beispielsweise nicht, Aufgaben zu delegieren. Wenn Sie jedoch die Aufträge richtig weiterreichen, wird Ihre Delegation ein Erfolg!

WAS - Inhalt	— Was ist überhaupt alles zu tun?
	— Welche Teilaufgaben sind im Einzelnen zu erledigen?
	— Welches Ergebnis wird angestrebt?
	— Welche Schwierigkeiten sind zu erwarten?

WER – Person	– Wer ist geeignet, diese Aufgabe oder Tätigkeit auszuüben? – Ist der Betreffende verfügbar und hat genügend Kapazitäten frei?
WARUM – Ziel	– Welchem Zweck dient die Aufgabe oder Tätigkeit (Motivation, Zielsetzung)? – Was passiert, wenn die Aufgabe nicht oder nur unvollständig ausgeführt wird?
WIE – Detail	– Wie soll bei der Ausführung vorgegangen werden? – Welche Vorschriften und Richtlinien sind zu beachten? – Welche Stellen oder Abteilungen sind zu informieren? – Welche Kosten dürfen entstehen?
WOMIT – Hilfsmittel	– Welche Hilfsmittel sollen eingesetzt werden? – Womit muss der Mitarbeiter ausgerüstet sein? – Welche Unterlagen werden benötigt?
WANN – Termin	– Wann soll/muss mit der Arbeit begonnen werden? – Wann soll/muss die Arbeit abgeschlossen sein? – Welche Zwischentermine sind einzuhalten? – Wann muss ich was kontrollieren, um gegebenenfalls einzugreifen?

Checkliste: Grundsätze des Delegierens

✓ Jede Auftragserteilung an andere muss kurz und möglichst klar sein. Sagen Sie immer deutlich, was Sie unter professioneller Aufgabenerfüllung verstehen.

✓ Legen Sie immer einen Endtermin fest, unter Umständen auch Termine für Zwischenberichte. Arbeiten Sie bei umfangreichen Arbeiten mit Etappenzielen.

- ✓ Machen Sie immer den Stellenwert und die Bedeutung des Auftrags, den Sie delegieren, klar. Prüfen Sie durch Fragen, ob der Auftrag verstanden ist.
- ✓ Führen Sie unbedingt eine Erledigungskartei. Kein Auftrag ohne Erledigungsmeldung.
- ✓ Wer richtig delegiert, kann sich auf wichtige Sachen konzentrieren.

15.14 To-Do-Liste

Checkliste: Eine To-Do-Liste für Ziele, Aufgaben und Aktivitäten

Datum	Priorität	Aktivität – Was?	Bis wann?	Wer?	✓	Erledigt?

Diese Checkliste können Sie unter http://www.gabler.de/Privatkunden/OnlinePLUS.html herunterladen, speichern und bearbeiten.

Checkliste: Was Sie bei Ihrer To-Do-Liste beachten müssen

✓ Legen Sie Ihre To-Do-Liste auf einem DIN A4-Blatt an. Notieren Sie alle Ihre Projekte, Aufgaben und andere Tätigkeiten, die Sie erledigen müssen oder bei denen Sie nachhaken müssen. Teilen Sie sich Ihren Platz so ein, dass Sie nicht nur Informationen wie Namen und Telefonnummern notieren können, sondern auch zusätzliche, relevante Informationen wie beispielsweise den Grund des Anrufes.

✓ Wenn Sie eine Aufgabe, ein Projekt oder eine andere Tätigkeit erledigt haben, dann streichen dies auf Ihrer Liste durch – dies schafft einen optimalen Überblick und motiviert enorm!

✓ Übertragen Sie unerledigte Aufgaben von der alten Seite auf die neue Seite und fassen Sie diese zusammen.

✓ Ihre To-Do-Liste können Sie noch besser organisieren und überblicken, wenn Sie dazu Ihren Computer einsetzen. Sie vermeiden Übertragungsfehler und das Sortieren nach Priorität/Datum/Uhrzeit/Typ nimmt Ihnen ebenfalls die Software ab.

✓ Während des Arbeitstages sollten Sie Ihre To-Do-Liste immer wieder durchsehen, um zu überprüfen, was als Nächstes wichtig ist, damit Sie entscheiden können, welche Aufgaben Sie vorrangig bearbeitet werden soll.

✓ Seien Sie sich im Klaren, dass Sie nicht jeden Tag alle Aktivitäten auf Ihrer To-Do-Liste abarbeiten können. Ihr Ziel muss es sein, Ihre wichtigen Aufgaben gut und rechtzeitig zu erledigen, damit Sie und andere nicht in Termindruck geraten.

✓ Das sind realistische Werte:
  - kreative Zeit: 20 Prozent
  - geplante Tätigkeiten: 60 Prozent
  - unerwartetes: 20 Prozent

✓ Benutzen Sie die To-Do-Liste in Kombination mit einem Kalender beziehungsweise Tagesplaner, um ein Wiedervorlagedatum einer Aktivität neu einzuplanen. Speichern Sie alle wichtigen Informationen wie Namen, Adressen oder Telefonnummern, die Teil Ihrer To-Do-Liste sind, in Ihrem Planungssystem. Das bietet Ihnen die Möglichkeit über einen längeren Zeitraum Zugang zu diesen Informationen zu haben.

✓ Stimmen Sie Ihre To-Do-Liste mit Ihrem Chef ab.

15.15 Zeit für 10 Dinge

Nimm Dir Zeit zum **ARBEITEN**	Das ist der Preis für den Erfolg.
Nimm Dir Zeit zum **NACHDENKEN**	Das ist die Quelle der Kraft.
Nimm Dir Zeit zum **SPIELEN**	Das ist das Geheimnis des Jungseins und -bleibens.
Nimm Dir Zeit zum **LESEN**	Das ist die Grundlage des Wissens.
Nimm Dir Zeit für das **INNEHALTEN** und **MEDITIEREN**	Das wäscht den irdischen Staub von den Augen.
Nimm Dir Zeit zur **FREUNDLICHKEIT**	Das ist ein Weg zum Glück.
Nimm Dir Zeit zum **LEBEN & ANERKENNEN**	Das ist die wahre Lebensfreude.
Nimm Dir Zeit zum **TRÄUMEN**	Das trägt Deine Last zu den Sternen hinaus.
Nimm Dir Zeit zum **LACHEN**	Das ist heilsam für die Seele.
Nimm Dir Zeit zum **PLANEN**	Dann hast Du auch Zeit für die ersten neun Dinge.

Stichwortverzeichnis

A-B-C-Prinzip 57
Abkürzungen 182
Ablage 105
Ablagekategorien 22
Abmahnungen 143
Absatzziele 70
Abschluss des Arbeitsvertrages 136
Abschlussbericht 96, 158
Abschlüsse 100
Aktenplan 17
ALPEN-Methode 235
Anerkennungsgespräch 140
Anforderungsmerkmale 110
Ansprache 180
Arbeitsauftrag 157
Arbeitspaketbeschreibung 153
Arbeitsvertrag 135
Aufbewahrungsfristen 23
Aufgabenmanagement 234
Aufschiebetagebuch 225
Auswertung 124, 125
autoritärer/autokratischer Führungsstil 39

Bedürfnispyramide 49
Beleggruppen 139
Beschaffungsziele 70
Beschwerdemanagement 65
Besichtigung 200
Bestellwesen 106
Besucherbewirtung 83
Besucherwerbung 90
Betreff/Betreffzeile 181
Bewerbungen 111
Bewerbungsabsagen 120

Bewerbungsflut 111
Bewerbungsgespräch 125
Bewertungsbogen 211
Bewertungskriterien 142
Bewirtung 82
Budgetplanung 74, 194

Catering 82
CC-Feld 181
Change Management 36
charismatischer Führungsstil 41
Checklisten 227
Chefentlastung 27
Corporate-Behavior 93
Corporate-Communications 93
Corporate-Design 93

Deckblatt Protokoll 184
Delegieren 45, 238
Direktprinzip 226
dreigeteilte Telefonnotiz 62

Eckstand 78
Einarbeitung 127
Einarbeitungsplan 131
Einladung 72, 192
Eisenhower 237
Elektronische Ablage 22
E-Mail-Korrespondenz 181
Emoticons 182
erster Arbeitstag 132, 133
Exponate 80

Fachkompetenz 42
Faktoren der CI 93

Fazit Gesprächsverlauf 125
Feedback 46
Feedback-Gespräch 47
Formulierungen 178
Fragetechnik 29
Führung 37
Führungsgrundsätze 47
Führungskompetenz 42
Führungsstile 39

Gehaltsvorstellung 125
Geschäftsreise 169
Gesetzliche Aufbewahrungsfristen 23
Gründe für Abmahnungen 145

Harzburger Modell 38
Hauptwörter 178

Idealer Führungsstil 41
Impfungen 169
individuelles Handbuch 131
Informationen bewerten 55
Informations-Checkliste 161
Informationsmanagement 55

Kalkulation 74
Knigge 88
Konjunktiv 179
kooperativer/demokratischer Führungsstil 40
Korrespondenz 175

Laissez-faire-Stil 40
Lebenslaufanalyse 115
Leitziele 53
Location 200

Management 37
Management by objectives 37
Management-by-Breakthrough 39
Management-by-Control and Direction 39
Management-by-Delegation 38
Management-by-Exception 38
Management-by-Objectives 37
Management-by-Planning 39
Maslowsche Bedürfnispyramide 49
Meetingmanagement 187
Messeabschlussbericht 94
Messeauftritt 87
Messebericht 92
Messebriefing 91
Messedienst 90
Messestand 80
Methodenkompetenz 42
Milestones 155
Mitarbeiterbeurteilungen 140
Mitarbeitergespräch 51, 141
Muster-Aktenpläne 22

Nachbereitung von Tagungen 209

Objektbeleuchtung 80
Office-Handbuch 103
Ordnungssysteme 15
Organigramm 105

Pannenkoffer 86
Pareto-Prinzip 237
passiver Briefstil 179
Personal 109
Personalakte 137
Personalakten von A bis Z 137
Personalbelege 139
persönliche Zeitdiebe 220

Pleonasmen 178
Präsentationen 80
Präsentationstechniken 89
Prioritäten 235
Professionelles Konzept 149
Projektdefinition 153
Projekthandbuch 163
Projektleiter 160
Projektmanagement 149
Projektphasen 149
Projektplanung 149
Projekt-Planung 152
Projektstammblatt 156
Projektstatusbericht 154
Protokoll 184

Reihenstand 78
Reisedokumente 170
Reisemanagement 106
Reisemittel 169
Reiseplan 172
Reiseplanung 172
Reiseroute 169
Reklamationen 65
Reklamationsbearbeitung 66
Relativierungen 179
Reservierungen 169
Reservierungsbestätigungen 170
Rückmeldung nach Teilzielen 155
Rückrufliste 33

Schriftlichkeit 225
Selbstkompetenz 43
Sicherungskopie 23
Sofortprüfung 112
Sonderzeichen 182
Sozialkompetenz 42
Standbeleuchtung 80

Standpersonal 88
Standvarianten 78
Stellenanzeigen 109
Stellenbeschreibung 160
Superlative 178

Tagungen 197
Tagungsraum 197
Tagungstechnik 198
Tätigkeitsbelege 140
Telefonregeln 59
Terminplanung 192
Travel-Management 169

Urlaubsvertretung 213

Veränderungsprozesse 36
Verlegenheitsworte 179
Verstoß gegen arbeitsvertragliche
   Pflichten 144
Vertragsbelege 140
Visum 169
Vorgangsliste 35
Vorkalkulation 74
Vorstellungsgespräch 109, 120, 124

Wertanalyse 238

Zeilenlänge 182
Zeitersparnis 223
Zeitfresser 219
Zeitprotokoll 221
Zeugnisse erstellen 146
Zielsetzung 224
Zielvereinbarung 52
Zielvereinbarungen 37
Zielvereinbarungsgespräch 53, 54
2. Gespräch 125